# A SHORTER ENGLISH-NEPALI DICTIONARY

# A SHORTER ENGLISH-NEPALI DICTIONARY

MAJOR T. WARREN

GYAN

*Published by*

GYAN

Gyan Publishing House
5, Ansari Road
Daryaganj, New Delhi-110002
Phone: 011-47034999, 9811692060
E-mail: books@gyanbooks.com

*Distribution Network*
gyanbooks.com
India, USA, Canada, UK, Australia, France



ISBN : 978-81-212-4335-3 (PB)
First Published, 1944

2nd Impression 2020

*Printed at:* Gyan Press, Delhi.



**A**
**Shorter**
**English-Nepali Dictionary**
Author: Major T. Warren

# FOREWORD.

I. Note on the Roman and Nagri spelling used :

(a) Roman Vowel sounds :

a...pronounced as in Hun, hut, aught etc.

á...pronounced as in hard, past etc.

i ...pronounced as in seen, lean etc.

u . pronounced as in wood (the Nagri uses two 'u' sounds, one short as shown here, and the other long as in 'school, pool' etc. A reference to the Nagri will show which sound is used even by those unfamiliar with the script, if it is remembered that the short U is written ु, and the long ू.)

e ..pronounced as in pay, say, etc.

ai ..pronounced as in my, sigh etc. (Where the 'a' is not marked as long, it must be pronounced short : where the long, 'ái' appears, both vowels must be clearly sounded.)

o...pronounced as in boat, poke etc.

au...pronounced as in cow, now, how etc. (With reference to the use of long and short 'a', see note above on 'ai'.)

(b) Nasals :

Wherever a nasal sound is used, this has been shown by the use of the italic '*n*'. This should not be pronounced as an 'n' : its use is simply to indicate a nasalisation of the preceding vowel.

II. I have endeavoured as far as possible when printing the verb infinitives to follow a usage that will help the student in the formation of the tenses. This requires some explanation.

Where the infinitive ending, '—nu', is preceded by a consonant the different tense and personal endings are simply added to this root. This has been shown in the Nagri by the use of the 'halant' thus:—सोप् नु on the preceding consonant.

Where the '—nu' is preceded by an '—àu', this 'u' is always nasalised. This has been shown in both the Roman and the Nagri scripts. Whenever, in the formation of a tense, a 'd' or a 'chh' are added to the root, this 'u*n*' remains. Where, however, a 'y' or a vowel is added, the 'u*n*' is dropped and the ending added to the 'à'.

e.g. Infinitive àu*n*nu—to come
Root àu*n*—
Present Tense àu*n*chha, (N.B. 'chh' added)
Present Participle àu*n*dà

But Conjunctive Participle àera
Past Tense àyo
Perfect Participle àeko (N.B. 'y' or vowel added)

This rule holds also where the Infinitive '—nu' is preceded by any nasal vowel, except that in this case the *nasal* only is dropped before a 'y' or a vowel.

Where before the Infinitive '—nu' there appears a short 'a*n*' this '*n*' appears before a 'd' or 'chh', but the 'a' short is also dropped before a 'y' or a vowel.

e.g. Infinitive pakra*n*nu — to catch
Root pakra*n*—
Present Tense pakra*n*chha
Past Tense pakryo

I hope that the greater ease and confidence in the use of the dictionary which this spelling gives will enable purists to forgive me the slight changes which I have sometimes made in the usual Roman and Nagri form of the spelling of some verbs.

I am aware that many words have been omitted; but hope that what have been included will enable the student to enlarge his working vocabulary: for the rest he is advised to learn the script and refer to Professor Lilley Turner's 'Dictionary of the Nepali Language'.

Abbottabad
August, 1944. T. W.

# A

| | | |
|---|---|---|
| a | yotà, eutà | योटा, एउटा |
| ability | gun, shakti | गुण, शक्ति |
| (skill) | sip | सिप |
| able, to be | bhiyàunnu | भियांउनु |
| about (numbers) | jatiko | जतिको |
| (time) | tira | तीर |
| (concerning) | (ko) bara mà | (को) बार मा |
| to be . ..to | ántnu | आंटनु |
| above | mànthi | मांथी |
| | umbbo | ऊंभो, |
| (upwards) | uncha | ऊंचा |
| | mástira | मास्तीर |
| (more) | besi, jyàsti | बेसि, ज्यास्ति |
| absent | gair hàzir; gailházir | गैरहाजिर गैलहाजिर |
| abuse | gàli | गाली |
| accident | ghataná | घटना |
| account (money) | hisáb | हिसाब |
| accoutrements, equipment | asbàb | असबाब |
| accusation | dosh | दोष |
| (complaint) | phiràt | फिरात |
| to accuse | dosh láganunu | दोष लगाउनु |
| ache, to (pain) | dukhnú | दुख्नु |
| across (on the other side of) | pàri | पारी |
| add, to, | jornu | जोड्नु |
| | jamma garnu | जम्मा गर्नु |
| | misàunnu | मिसाउंनु |
| (part. refill plate) | thapnu | थपनु |

| | | |
|---|---|---|
| address, an (letter etc.) | patta | पत्ता |
| | thekànà | ठेकाना |
| (speech) | upades | उपदेस |
| adhere, to (stick to) | tà*n*snu | टांसनु |
| admit to, (e.g. fault) | mànnu | मान्नु |
| adornment (ornament) | gahanà | गहना |
| advance to | aghi barnu | अघि बढ्नु |
| | aghi sarnu | अघि सर्नु |
| advice | sallàh | सल्लाह |
| afraid to be | daràunnu | डराउंनु |
| | jhasanga hu*n*nu | झसंग हुनुं |
| after (prep.) | (ko) pachhi | पछि |
| | (ko) pachhàri | पिछाडि |
| (adv.) same as above | without 'ko' | |
| afternoon | dopahari pachhi | दोपहरी पछि |
| | sà*n*jha | सांझ |
| again | pheri | फेरी |
| against (versus) | (ko) biruddhma | (को) बिरुद्धमा |
| | biruddha | बिरुद्ध |
| (opposite to) | (ko) sà*n*mu | (को) सांमु |
| age | umer | उमेर |
| agile; alert | phurtilo | फुरतीलो |
| | táto, chanàkho | तातो, चनाखो |
| ago | agàri | अगाडि |
| | bhayo | भयो |
| agony | pira | पीडा |
| agree, to | milnu | मिलनु |
| | ek mun ko hu*n*nu | एक मन को हुनुं |
| | ràji hu*n*nu | राजि हुनुं |

| | | |
|---|---|---|
| agreeable (pleasant) | manpardo | मनपर्दो |
| | ruchdo | रुच्दो |
| agreement | bàchà | बाचा |
| agriculture | kheti kisàn | खेती किसान |
| | grihasti | गृहस्ती |
| ague | jaro | जरो |
| | kámjaro | कामजरो |
| ahead | aghi | अघि |
| aim at, to | táknu, shist linnu | ताकनु, शिस्त लिं |
| aspire, to | dàgnu | दाग्नु |
| air (wind) | hàwà | हावा |
| | batàs | बतास |
| alacrity | phurti | फुरती |
| alight, to | utrinnu | उत्रींनु |
| alike | ekai | एकै |
| | ekainase | एकैनासे |
| alive | jiundo | जीउंदो |
| all (every one) | sab | सब |
| (the whole) | sabai | सबै |
| | singai | सिंगै |
| alley | galli | गल्लि |
| alligator | guhi | गुहि |
| allot, to | bànrnu | बांड्नु |
| | bhàg láunu | भाग् लाउनु |
| allow, to | dinnu | दिनु |
| allowance (of money) | khuráki | खुराकि |
| | bhattà | भत्ता |
| ally | sàthi | साथी |
| | gohàre | गोहारे |

| | | |
|---|---|---|
| almond | badàm | बदाम् |
| alms | dán | दान |
| | bhik | भीक |
| alone | eklai | एकलै |
| along (with) | sanga, samet | सङ्ग, समेत |
| (via) | bàto bàro | बाटो बाड़ो |
| | bàro | बाड़ो |
| aloud | shabdagari | शब्दगरि |
| | sáro | सारो |
| already (previously) | ailenai | ऐलेनै |
| (before) | pahilei | पहिलेइ |
| | paile | पैले |
| also | pani | पनि |
| alter, to (trans) | badalnu | बदल् नु |
| | phernu | फेर्नु |
| | sàtnu | साट् नु |
| (intrans) | arko hunnu | अर्को हुंनु |
| | beglai hunnu | बेग्लै हुंनु |
| alteration | pherái | फेराई |
| although | bhanye pani, | भन्ये पनि |
| | tà pani | ता पनि |
| altogether (wholly) | bhusukkai | भुसुक्कै |
| (all together) | ekai choti | एकै चोटि |
| always | sadhain | सधैँ |
| amazement | udek | उदेक |
| | achambha | अचम्भ |
| to be amazed | udek mánnu | उदेक मान्नु |
| ambush | ghát, chipàu | घात, चिपाउ |

| | | |
|---|---|---|
| (place) | ghàt garne tháun | घात गर्ने ठाउं |
| | lukne thàun | लुक्ने ठाउं |
| to ambush | ghà mà dhuknu | घा मा ढुक्नु |
| amend, to | sudhàrnu | सुधार्नु |
| amid, amidst, among | (ko) màjh ma | (को) माझ मा |
| | (ko) bich ma | (को) बीच मा |
| | madhye | मध्ये |
| ammunition | goli bàrud, | गोली बारुद, |
| | goli gatthà | गोली घत्था |
| amuse, to | ramàunnu | रमाउंनु |
| | khushi pàrnu | खुशि पार्नु |
| amusement | khel | खेल |
| ancient | puràno | पुरानो |
| (old) | burho | बुढो |
| and | ra | र |
| | ani | अनि |
| | aru | अरु |
| anger | ris | रिस |
| | krodh | क्रोध |
| angry | risàhà | रिसाहा |
| | krodhit | क्रोधित |
| to be angry | risáunnu | रिसाउंनु |
| | krodhit hunnu | क्रोधित हुंनु |
| angle | kuná | कुना |
| animal | jantu | जन्तु |
| | pashu | पशु |
| ankle | goli gànthà | गोली गांठा |
| annoy, to | satàunnu | सताउंनु |

| | | |
|---|---|---|
| | khijà*n*nu, | खिजांनु, |
| | khijyàu*n*nu | खिज्याउंनु |
| another | arko | अर्को |
| (more) | aru | अरु |
| (second) | dosro | दोस्रो |
| answer, an | uttar | उत्तर |
| answer, to | uttar di*n*nu | उत्तर दिंनु |
| to answer back | mukh làgnu | मुख लाग्नु |
| ant | kamilà | कमिला |
| (white) | dhamiro | धमीरो |
| antelope, deer | mirg | मिर्ग |
| antler | si*n*g | सींग |
| anvil | lihi | लिही |
| anxiety | surta | सुर्ता |
| | shok | शोक |
| (solicitude) | phikri | फिक्रि |
| to be anxious | surtà*n*nu | सुर्तांनु |
| | phikri garnu | फिक्रि गर्नु |
| any one | koi | कोई |
| thing | kyei | क्येइ |
| where | kunai thá*n*n | कुनै ठावं |
| | kahi*n* pani | कहीं पनि |
| how | kastai garikana | कस्तै गरिकन |
| apiece (each) | jana*n*ge | जनंगे |
| apologise, to | màph má*n*gnu | माफ मांग्नु |
| apparatus | sardàm | सर्दाम |
| apparent | pragato | प्रगटो |

| | | |
|---|---|---|
| appeal | binti | बिन्ति + चढ़ाउंनु |
| | dohài | दोहाई + दिंनु |
| appear, to | dehkinnu | देखींनु |
| appearence (of a person) | rup | रूप |
| | anuwàhr | अनुवाह्र |
| apple | sew | सेव |
| apply, to | darkhást garnu | दर्खास्त गर्नु |
| | mànngnu | मांग्नु |
| appoint, to | khatàunnu | खटाउंनु |
| apprehend, to | | |
| (understand) | bujhnu | बूझ्नु |
| (seize) | samàtnu | समात्नु |
| | pakrannu | पक्रंनु |
| approach, to | pugnu làgnu | पुग्नु लाग्नु |
| | ánntnu | आंट्नु |
| approval | manjuri | मंन्जूरी |
| ,to approve | manjur garnu | मन्जूर गर्नु |
| appricot | khurmáni | खुर्मानी |
| area | nápo | नापो |
| argue, to | bibàd garnu | बिवाद् गर्नु |
| argument | bibád | बिवाद् |
| arise, to (to stand up) | uthnu | उठ्नु |
| (of sun or moon) | jhulkannu | झुल्कंनु |
| arm (fore) | háth | हाथ |
| (whole) | báhu | बाहु |
| (upper) | pákhurà | पाखुरा |

| | | |
|---|---|---|
| (bent arm) | a*n*gàlo | अङ्गालो |
| armpit | kákhi | काखि |
| arms | hatiyàr | हतियार |
| armourer | kàmi, mistri | कामी, मिस्त्रि |
| army | paltan | पल्टन् |
| around | wari pari | वरिपरि |
| | chàrai tira | चारै तीर |
| | chárai patti | चारै पट्टि |
| arouse, to | jagàu*n*nu | जगाउंनु |
| | uthàunnu | उठाउंनु |
| arrange, to | thik thák pàrnu | ठीकठाक पार्नु |
| | sajàu*n*nu, | सजाउनु, |
| | thekàn làu*n*nu | ठेकान् लाउंनु |
| arrangement | bandabast, thekàn | बन्दबस्त, ठेकान् |
| arrears | bà*n*ki | बांकि |
| arrive, to | pugnu | पुग्नु |
| | ài pugnu | आइ पुग्नु |
| arrow | kà*n*r | कांड़ |
| | bàn | बाण |
| artful | sipàlu | सिपालु |
| | chalàkh | चलाख |
| artillery | topkhàna | तोप् खान |
| as (like) | jasto | जस्तो |
| | jhai*n* | झैं |
| (size) | jatro | जत्रो |
| (many as) | yeti | येती |
| ascend, to | charhnu | चढ्नु |

| | | |
|---|---|---|
| | uklannu | उकूलनुं |
| ascent | ukàlo | उकालो |
| | charhái | चढ़ाई |
| ashamed | lajjit | लज्जित |
| to be | lajàunnu | लजाउंनु |
| ashes | kharàni | खरानि |
| ask, to (a question) | sodhnu | सोधनु |
| (a favour) | mángnu | मांगनु |
| asleep | sutyeko | सुत्येको |
| ass (donkey) | gadàha | गदाह |
| assault, to | (màthi) jhamtannu | (मांथि) झमटनुं |
| | ài làgnu | आई लागूनु |
| assemble, to (intr.) | bhelà hunnu | भेला हुनुं |
| (tr.) | „ garàunnu | गराउंनु |
| (things) | thupryàunnu | थुप्र्याउंनु |
| assit, to | gohàr dinnu or | गोहार दिंनु, |
| | garnu | गर्नु |
| assistance | gohàr | गोहार |
| | upakàr | उपकार |
| astonish, to | chhakka pàrnu | छक्क पार्नु |
| | murchhá párnu | मुर्छा पार्नु |
| astride | ghunrà dhàsera | घुंड़ा धासेर |
| | gorà pasàri | गोड़ा पसारि |
| at | mà | मा |
| | nira | निर |
| | chheu | छेउ |
| at once | jhwàttai | झ्वाट्टै |

| | | |
|---|---|---|
| attach, to (fasten) | lagáu*n*nu | लगाउंनु |
| | tá*n*snu | • टांसनु |
| attack, to | chhopnu | छोपनु |
| | (mà*n*thi) jái lágnu | (मांथि) जाइ लाग्नु |
| an | dháwá | धावा |
| attend, to (pay attention) | dhyán lagáu*n*nu; | ध्यान लगाउंनु, |
| | ter làu*n*nu | टेर् लाउंनु |
| (be present) | hájir raha*n*nu | हाजिर रहनुं |
| | „ hu*n*nu | हुनुं |
| | sámel raha*n*nu | सामेल रहनुं |
| attempt, to | mihanat garnu | मिहनट गर्नु |
| (try) | jatan garnu | जतन गर्नु |
| | bal garnu. | बल् गर्नु |
| auction | lilàm | लिलाम |
| aunt (paternal) | phupu | फुपु |
| (mother's elder sister) | thuliàmà | ठूलि आमा |
| (mother's younger sister) | ká*n*chhi ámá | कांन्छी आमा |
| | or chhemá | छेमा |
| anthority | adhikár | अधिकार |
| (permission) | sanad | सनद् |
| avenge, to | badalà li*n*nu | बदला लिंनु |
| | (ko) sàto di*n*nu | (को) साटो दिंनु |
| | (ko) niyà gurnu | (को) निया गर्नु |
| average (on the) | sàlà-khàlà | साला-खाला |
| | garikana | गरिकन |
| await, to | (ko) báto hernu | (को) बाटो हेंर्नु |
| | (ko làgi) parkha*n*nu | (को लागि) पर्खनु |
| awake, to (intr.) | jàgnu; biu*n*jha*n*nu | जागनु, बिउंझनुं, |

| | | |
|---|---|---|
| | biu*n*jhi raha*n*nu | बिउँझि रहनुं |
| (tr.) | jagàu*n*nu | जगाउंनु |
| away (at a distance) | tàro, dur | टाढ़ो, दूर |
| (absent) | gayel | गयेल |
| awkward (clumsy) | lothro | लोथ्रो |
| (difficult) | apthàro | अप्ठारो |
| axe | bancharo | बन्चरो |
| axle | dandá | डन्डा |

**B**

| | | |
|---|---|---|
| baby, child | náni | नानी |
| back (of body) | pith; pithiu*n* | पीठ, पिठिउं |
| | kando | कन्डो |
| backward (not clever) | dhilo | ढीलो |
| (lazy) | alchhi | अल्छी |
| bad | naràmro | नराम्रो |
| | najáti | नजाति |
| badge (distinctive mark) | chi*n*nu | चिनुं |
| (of rank) | billá | बिल्ला |
| bag | thailo | थैलो |
| (small) | thaili | थैलि |
| (e.g. hussif) | básá | बासा |
| (sack) | borá | बोरा |
| baggage | sámán; mál | सामान, माल् |
| | sáidám | सादाम |
| bait (food) | cháro | चारो |
| bake, to (before fire) | seknu | सेक्नु |
| (in fire) | polnu | पोल्नु |

| | | |
|---|---|---|
| balance (scale) | tulo | तुलो |
| | taráju | तराजु |
| balcony | sikuwà | सिकुवा |
| | pi*n*ri | पींढ़ि |
| bald | khuilo | खुइलो |
| | tàlu khuile, tháplo | तालु खुइले, थाप्लो |
| | khulke ko | खुलके को |
| bale | kumlo | कुम्लो |
| ball (small) | goli | गोली |
| (e.g. foot ball) | bhaku*n*do; giu, ge*n*d | भकुंदो, गिन्, गेंद् |
| bamboo | bá*n*s | बांस |
| banana | kerá | केरा |
| band (of persons, group) | dal | दल |
| | gatthá | गट्ठा |
| bandage | patti | पट्टी |
| bangle | churà | चुरा |
| (anklet) | pairi | पैरी |
| bank (of river) | tir | तीर |
| (slope) | pákhá | पाखा |
| (edge) | chheu*n* | छेउं |
| banker | mahájàn; | महाजन्, |
| (village) | sàu; seth | साउ, सेठ् |
| bar (rod) | ghárá | घारा |
| (wood bolt) | áglo | आग्लो |
| (fence) | bár | बार |
| barbed | ká*n*re | कांड़े |

| | | |
|---|---|---|
| barber | náu | नाउ |
| | hájam | हाजम |
| bare-headed | murlo | मुड्लो |
| bark (of a tree) | bokrá | बोक्रा |
| bark, to (dog) | bhuknu | भुक्नु |
| barley | jau | जौ |
| barn | dhukuti | ढुकुटि |
| barrel (of gun) | nál | नाल |
| barren (of ground) | rukho, bánjo | रुखो, बांजो |
| (woman) | bànjhi | बांझी |
| barrier | tagáro, bár | तगारो, बार् |
| basement | bhuintalà | भूइंतल |
| basin (made of earth) | koprá | कोप्रा |
| | chilimchi | चिलिमूचि |
| bask, to (in sun) | ghám tápnu | घाम तापूनु |
| basket (general) | tokri | टोक्री |
| (small) | dálo, thumse, | डालो, थुम्से, |
| •(large) | doko korkà | डोको, कोर्का |
| bat (animal) | chamero | चमेरो |
| batch | toli | टोली |
| bathe, to | nuhàunnu | नुहाउंनु |
| (ceremonial) | asnán garnu | अस्नान गर्नु |
| batter, to (knock down) | bhatkàunnu | भत्काउंनु |
| battle | laráin | लड़ाइं |
| bayonet | sangin | संगीन |
| be, to | hunnu | हुनं |
| bean .. | simi | सिमि |

| | | |
|---|---|---|
| bear | bhálu | भालु |
| bear, to (carry) | boknu | बोक्नु |
| (endure) | sahannu | सहनुं |
| (children) | janmàunnu | जन्माउंनु |
| (fruit) | phalnu | फल्नु |
| beard | dàhri or dári | दाह्री, दाढ़ि |
| beat, to | kutnu; thoknu | कुट्नु, ठोक्नु |
| | hirkàunnu | हिर्काउनुं |
| | pitnu | पीट्नुं |
| | hànnu | हान्नु |
| (win) | jitnu | जीत्नु |
| beautiful | rámro, sundar | राम्रो, सुन्दर |
| because | kinaki | किनकि |
| | kinabhanye | किनभन्ये |
| | ko káran le | को कारण ले |
| beckon, to | sán garnu | सान गर्नुं |
| bed | káth, palang | खाठ, पलङ्ग |
| (stream) | kholsá | खोलसा |
| (to make a) | bichàunnu | बिछाउंनु |
| bedding | ochchhyán, bistará | ओच्छयान, बिस्तरा |
| bee | mauri | मौरी |
| beetle | guhe-kirá | गुहे-कीरा |
| | gobáre-kirá | गोबारे-कीरा |
| before (time) | aghi, agári | अघि, अगाड़ि |
| | pahile | पहिले |
| (place) | sánmu, sámne | सांमू, सामने |
| (long ago) | uile | उइले |

| | | |
|---|---|---|
| beg, to | bhik má*n*gnu | भीक मांगनु |
| begin to | lágnu, thálnu | लागनु, थाल्नु |
| behaviour | chálchalan | चाल् चालन |
| | behorá | बेहोरा |
| behind | pachhi, pachhári | पछि, पछाड़ि |
| behold, to | hernu | हेर्नु |
| belief | biswás | बिश्वास् |
| believe, to | patyáu*n*nu, biswás garnu | पत्याउंनु, बिश्वास गर्नु |
| bell | ghanta | घन्ट |
| bellows | bhá*n*ti, khalá*n*ti | भांटि, खलांति |
| belly (stomach) | bhu*n*ri | भूंड़ि |
| (abdomen) | pet | पेट |
| below (lower level) | tala | तल |
| (beneath) | (ko) muni | (को) मुनि |
| belt | peti, patuká | पेटी, पतुका |
| bend, to (tr.) | nugháu*n*nu | नुघाउंनु |
| | niu*n*ràu*n*nu | निउंराउंनु |
| (intr) (down) | niu*n*ra*n*nu | निउंरनुं |
| bent (stooping) | ghopto | घोप्टो |
| | bá*n*go, kupro | बांगो, कुप्रो |
| benefit | náphá | नाफा |
| berry | gerá, dáná | गेड़ा, दाना |
| beside | ko chheu, nira | को छवे, निर |
| bet | hor, báji | होड़, बाजि |
| to | „ „ thàpnu or lagáu*n*nu | „ „ थापनु, लगाउंनु |

| | | |
|---|---|---|
| betel (leaf) | pán | पान |
| (nut) | supári | सुपारि |
| better (health) | niko | निको |
| between | (ko) bichmá | (को) बीच्मा |
| | (ko) má*n*jhmá | (को) मांझ्मा |
| beyond | para | पर |
| | (ko) pallo patti | (को) पल्लो पट्टि |
| big | thulo | ठूलो |
| bind, to | bá*n*dhnu, kasnu | बांध्नु, कस्नु |
| bird | chará, pa*n*shi | चरा; पंषी |
| birth | janma | जंन्म |
| bit (small piece) | tukrá, chokto | टुक्रा; चोक्टो |
| (horse) | kareli | करेली |
| bite, to | toknu | टोक्नु |
| (of snake) | dasnu | डस्नु |
| (of insects) | chilnu | चीलनु |
| bitter | tito | तीतो |
| black | kálo | कालो |
| blacksmith | ká*n*mi, lohàr | कांमी; लोहार |
| blade (grass) | biruwá | बिरुवा |
| (knife) | dhár, | धार्; |
| (of khukri) | bár | बाड् |
| blame | dosh | दोष |
| to | dosh lagáu*n*nu | दोष लगाउंनु |
| blanket | kambal | कम्बल |
| (Nepalese) | rári, pákhi | राड़ि; पाखि |
| blaze, to (burn) | balnu, dankanu | बल्नु; दन्कनु |

| | | |
|---|---|---|
| bleed, to | ragat baha*n*nu | रगत बहंनु |
| blessing | ásik | आसिक |
| blind | andhá | अन्धा |
| (in one eye) | ká*n*ná | कांना |
| blindfold, to | ánkhá thuni di*n*nu | आंखा थुनि दिंनु |
| blink, to | chimchim garnu | चिम्चिम् गर्नु |
| blister | phoká | फोका |
| to | ,, utháu*n*nu | ,, उठाउंनु |
| block, to | thunnu, chheknu | थुन्नु; छेक नु |
| blockade, to | ghernu | घेर्नु |
| blood | ragat | रगत् |
| blot | dág, thoplo, kala*n*k | दाग; थोप्लो; कलंक |
| blotting-paper | sosnyà kágat | सोस्न्या कागत |
| blow, to | phuknu | फुक्नु |
| (nose) | si*n*gán phe*n*knu | सिंगान् फेंक्नु |
| (out) | nibháu*n*nu | निभाउंनु |
| (wind) | baha*n*nu, chalnu | बहनुं; चल्नु |
| blue | nilo | नीलो |
| blunt | bodho | बोधो |
| boast, to | gapha garnu | गफ गर्नु |
| boat | náu, du*n*gá | नाउ डुंगा |
| bodice | cholo | चोलो |
| body | jiu, sharir | जीउ; शरीर |
| bog | dháp, simsár, sim | धाप; सिम्सार; सिम् |

| | | |
|---|---|---|
| boil, to (tr.) (water) | umálnu | उमालनु; |
| (in water) | usinnu | उसिन्नु |
| (intr.) | umlinnu | उम्लींनु |
| a | pilo, khatirà | पीलो; खटीरा |
| bold | sáhasi, ántilo, bir | साहसी; आंटीलो; बीर |
| bolster (pillow) | sirání | सिरानि |
| bombard, to | golibári garnu | गोलिबारी गर्नु |
| bone | hár | हाड़ |
| book | kitáp, khátá, | किताप; खाता; |
| | pustak | पुस्तक |
| boot maker | sárki | सार्की |
| booty | lut | लुट् |
| border (boundry) | simáná, | सिमाना; |
| (field) | sándh | सांध |
| (garment) | pári, jhumká | पारि; झुम्का |
| bore, to | ghochnu, | घोचनु; |
| | chhernu | छेंड़्नु |
| borrow, to | rin linnu | रीण लिंनु |
| bosom (chest) | chháti | छाती |
| both | duwai | दुवै |
| bottle | shishi, botal | शीशी; बोतल |
| bottom | pind | पींद् |
| (of hill) | phendi | फेंदि |
| boundary | sarad, latthá | सरद्, लट्ठा |
| | simáná | सिमाना |

| | | |
|---|---|---|
| bow (for arrows) | dhanu | धनु |
| (for bullets) | guleli | गुलेलि |
| to | niuranu, | निउरनुं |
| | dhok dinu or | ढोक दिंनु or |
| | garnu | गंर्नु |
| (knee) | ghunra teknu | घुड़ां टेक्नु |
| bowl | batuko | बटुको; |
| (small) | katorá | कटोरा |
| box | madush, kandi, | मदुश; कन्दी |
| | sampat, bákas | सम्पट बाकस् |
| boy | ketá | केटा |
| brace up, to (be taut,) | tankanu | तन्कनुं |
| (tr.) | tankáunnu | तन्काउंनु |
| braces | gelis, gálich, | गेलिस् ; गालीच् ; |
| | galis | गालीस |
| bracelet | churá | चुरा |
| brahmin | báhun | बाहुन |
| brain | gidi | गिदि |
| (metaphoric) | buddhi, mati | बुद्धि; मति |
| bran | chokar, bhus, | चोकर; भूस ; |
| | dhuto, | ढूटो |
| branch (tree) | hángá, dálá | हांगा, डाला |
| (dry branch) | thur | थुर |
| brass | pital | पीतल् |
| bread | roti | रोटी |
| break, to | phutáunnu, phornu | फूटाउंनु; फोर्नु |
| | bhánchnu | भांचनु |

| | | |
|---|---|---|
| breast | chháti | छाती |
| (of women) | dut, thun, (nipple) | दुत; थुन् |
| (udder) | kachonrá | कचौंड़ा |
| breath | sás | सास् |
| breathe, to (in) | sás linnu | सास् लिंनु |
| (out) | sás phernu | सास् फेर्नु |
| breeches | suruwál, jangiyá | सरुवाल जंगीया |
| bribe | ghus | घूस् |
| to | „ dinnu | „ दिंन |
| brick | int | ईंट् |
| bride | byáuli, dulhi, bahu | ब्याउली; दुलही; बहु |
| bride-groom | byáulá, dulhá | ब्याउला; दुल्हा |
| bridge | pul, sángu, julangá | पुल; सांगु; जुलंगा |
| bright | chamkilo, jhalkane | चमकीलो; झल्कने |
| bring, to | lyáununu, láunnu | ल्याउंनु; लाउंनु |
| brimful (liquids) | nimtho | निमठो |
| brisk | phurtilo, tejilo | फुर्तीलो; तेजीलो |
| brittle | jhuro | झूरो |
| broad | gajilo, pharák, cháklo | गजीलो; फराक; चाक्लो |
| broken | phuteko, bhánncheko | फुटेको; भांचेको |
| brook | kholsá | खोल्सा |
| broom | kucho, khahareto | कुचो, खहरेटो |
| brother (elder) | dájyu, dái | दाज्यू; दाई |
| (younger) | bhái | भाई |

| | | |
|---|---|---|
| brow (forehead) | nidhár | निधार |
| (hill) | tháplo, tákurá | थाप्लो; टाकुरा |
| brown | khairo, bhuro | खैरो; भुरो |
| bruise | chot, sumlo | चोट; सुम्लो |
| bucket | bálti | बाल्टि |
| buckwheat | phápar | फापर |
| bud | kopilá | कोपीला |
| to | paláunnu | पलाउंनु |
| buffalo (male) | rángo | रांगो |
| (female) | bhainsi | भैंसी |
| bug (bed-bug) | urus | उड्स |
| build, to | banáunnu | बनाउंनु |
| bulb (plant) | gáná, dallá | गाना; डल्ला |
| bull | sánr or sánre | सांड़ or सांढ़े |
| bunch, a | jhuppà | झुप्पा |
| bundle, a | bhári, bitá, poko | भारी; बटि; पोको |
| bungle, to | bigárnu | बिगार्नु |
| burn, a | dám | डाम् |
| to (tr) | daráunnu, | डढ़ाउंनु; |
| | jaláunnu | जलाउंनु |
| | bálnu, polnu | बाल्नु; पोल्नु |
| (intr.) | jalnu, balnu | जल्नु; बल्नु |
| burst, to (tr.) | phutáunnu, | फुटाउंनु; |
| | phornu | फोर्नु |
| (int.) | phutnu | फुट्नु |
| bury, to | gárnu | गाड़्नु |

| | | |
|---|---|---|
| bush, | pothá, jhár, | पोथा; झाड़; |
| | pothro, buto | पथ्रो; बुटो |
| business | kám, karkhaná | काम, कर्खाना |
| but | tara | तर |
| (prep=besides, except) | báhik, chhori | बाहिक, छोड़ि |
| butcher | kasái | कसाई |
| butt (gun) | kundá, kunjá | कुन्दा; कुंजा |
| butter | nauni, makkhan | नौनि; मक्खन |
| buttermilk | mahi | महि |
| butterfly | putali | पुतलि |
| buttock | chák, jáng, kundo | चाक; जांग; कण्डो; |
| | philá | फिला |
| button | tánk, batam | टांक; बटम |
| buy, to | kinnu, molnu | किन्नु; मोल्नु |
| by, (near) | nira, ko chheu má | निर; को छेउ मा |
| (means) | le, ko bátole | ले; को बाटोले |
| by & by | ali pachhi | अलि पछि |
| by degrees | ali-aligari | अलि-अलिगरि |
| bypath | chorbáto, pagdandi | चोर्बाटो; पगड्न्डी |

C

| | | |
|---|---|---|
| cabbage | kobi, gobi | कोबी; गोबी |
| cactus | siunri, nágphimi, | सीउंड़ि; नाग्फिमी; |
| cage (bird) | pinjará, | जपरिं; |
| (large) | khor | खोर् |
| calf (cattle) | báchchho | बाच्छो |
| (leg) | tikhrá, chhepári | तीखका; छेहारि; |
| | pirunlá | पिडंला |

| | | |
|---|---|---|
| call, to (shout) | karáunnu, | कराउंनु; |
| (at) | hakárnu | हकार्नु |
| (summon) | dáknu, boláunnu | डाक्नु; बोलाउंनु |
| (away) | jhikáunnu | झिकाउंनु |
| camel | unt | ऊंट् |
| camp | chháunni, páráu | छाउंनि; पाड़ाउ |
| can (be able) | bhiyáunnu, | भियाउंनु, |
| (after infin. of other verbs) | saknu, | सक्नु |
| canal | kulo, nahar | कुलो; नहर |
| cancel, to | metnu | मेट्नु |
| candle | mombatti | मोम्बत्ती |
| cane | bet, lauro, chhari | बेत; लौरो; छरि |
| cannon | top | तोप |
| canvas | bora-kapará, kirmich | बोरा-कपरा; किर्मिच |
| cap | topi | टोपी |
| capacity (space) | atái | अटाई |
| (ability) | shakti | शक्ति |
| capsize, to (tr.) | ghoptyáunnu, lotáunnu, laráunnu | घोप्ट्याउंनु; लोटाउंनु; लड़ाउंनु |
| (intr.) | ghoptinnu, lotnu | घोप्टींनु; लोट्नु |
| captive | bandhuwà, kaidi | बन्धुवा ;कैदी |
| car | gári | गाड़ी |
| carcass (human) | murdá | मुर्दा |
| (animal) | sino, | सीनो; |
| (half devoured) | khokpà | खोक्पा |

| | | |
|---|---|---|
| card, (playing) | tás | तास |
| cardamom | alainchi | अलैंचि |
| care (anxiety) | phikri, dhandá | फिक्रि; धन्दा |
| (carefulness) | khabardári | खबर्दारी |
| (careful) | jatan garne | जतन गर्ने |
| (carefully) | jatan gari | जतन गरि |
| (careless) | phikri na garne | फिक्र न गर्ने |
| | jatan na garne | जतन न गर्ने |
| to take care of | samálnu, pálnu, | समाल्नु, पाल्नु |
| | sambhárnu | सम्भार्नु |
| carpenter | káth karmmi | काठ्कर्म्मी |
| carpet | dari | दरि |
| carriage | gári | गाड़ी |
| carrot | gájar | गाजर |
| carry, to | boknu | बोक्नु |
| (carry away) | laijánnu | लैजांनु |
| (in instalments) | osárnu | ओसार्नु |
| cartridge | kártus, totá (fired) | कार्तूस; टोटा |
| cascade | chhárá, chhángo | छारा, छांगो |
| cash | rupiyá, nakhati, | रुपिया; नखति; |
| | háthháthi | हाथ्हथि |
| cask | pipá | पीपा |
| caste | ját | जात् |
| cat | birálu | बिरालु |
| catapult | guleli | गुलेलि |
| catastrophe | bipati, áphat | बिपति; आफत् |

| | | |
|---|---|---|
| catch, to | samátnu, pakra*n*nu | समात्नु; पक्रंनु |
| (over take) | phelà párnu | फेला पार्नु |
| cauliflower | phul-kobi | फुलकोबि |
| cause | káran | कारण |
| to | garáu*n*nu | गराउंनु |
| cave (man made) | gupha | गुफा |
| (natural) | orhár | ओढार |
| cement | belàitimatti, | बेलाइतीमट्टी; |
| | simant | सीमन्ट |
| cemetery | chihán | चिहान् |
| certainly | abasse, nisse, | अवस्से; निस्से; |
| | sánchai | सांचैं |
| chaff | bhuso, dhuto | भूसो; ढूटो |
| (laughtei) | há*n*si, thattá | हांसीं; ठट्टा |
| chain | sá*n*glo, sikii | सांगलो; सिक्रि |
| chair | chauki, baithak, | चौकि; बैठक |
| | kursi | कुर्सि |
| change n. (money) | reji | रेजि |
| change, to (alter) | phernu | फेर्नु |
| (exchange) | sátnu, badli garnu | सांट्नु; बदली गर्नु |
| (money) | bhajáu*n*nu | भजाउंनु |
| character (behaviour) | chálchalan, sobhán | चाल_चलन; सोभाऊ; |
| | behorá | बेहोरा |
| charcoal | koilá, gol, a*n*gár | कोइला; गोल; अंगार |
| charge (custody) | jimmá | जिम्मा |
| (cust) | dám | दाम् |

| | | |
|---|---|---|
| charity (quality) | dayá, kripá | दया; कृपा |
| (gift) | dán | दान् |
| charm | mantra | मन्त्र |
| (personal) | mohani | मोहनी |
| (on wrist) | rákhi, jantar | राखी जन्तर् |
| chase, to | lakhetnu, lagárnu | लखेट्नु, लगार्नु |
| chatter, to | bakbak garnu | बक्बक् गर्नु |
| (of teeth) | bajnu | बज्नु |
| cheap | sasto, holo, | सस्तो; होलो; |
| | saha*n*go | सहंगो |
| cheat, to | chhalnu, thagnu | छल्नु; ठग्नु |
| | dhá*n*tnu | ढांट्नु |
| cheek | gálá | गाला |
| cheese | panir, jamáwat | पनीर; जमावट |
| chest (body) | chháti | छाती |
| chew, to | chabáu*n*nu | चबाउंनु |
| hicken (poultry) | kukhrá | कुखरा; |
| (chick pullet) | challo | चल्लो |
| (hen) | pothi | पोथी |
| (cock) | bhále | भाले |
| chicken pox | bibirá, theulá | बिबिरा; ठेउला |
| chide, to | chetáu*n*nu, | चेताउंनु; |
| | hakárnu; | हकार्नु |
| | dhamkáu*n*nu | धम्काउंनु |
| chief | mukhiyá | मुखिया |
| (adj.) | mul | मुल् |
| child | bálakh, náni, ketá | बालख; नानी; केटा |
| childless | aputá | अपुता |

| | | |
|---|---|---|
| children | ketáketi, | केटाकेटी; |
| | chhoráchhori | छोराछोरी |
| chilli | khursáni | खुर्सानि |
| chilly | járo | जाड़ो; |
| (and wet) | chiso | चीसो |
| chin | chiunro, chepu | चिउंड़ो; चेपु |
| chip, (shaving) | lopro | लोप्रो |
| chisel | chhino | छीनो |
| choke, to (tr.) | sás thunnu | सास थुन्नु |
| (intr.) | sarkannu | सर्कनु |
| cholera | haijá | हैजा |
| choose, to | chhántnu, rojnu | छांटनु रोजनु |
| (appoint) | khatáunnu | खटाउंनु |
| chop, to | kátnu | काट्नु |
| (of wood) | chirnu | चीर्नु |
| chum | jori, sangi, sáthi | जोड़ी; संगी; साथी |
| chutney | achár | अचार |
| cinder | kharáni | खरानि |
| cinnamon | sinkauli | सिन्कौलि |
| circle | golo, ghera | गोलो; घेरा |
| circumstance (condition) | gat | गत् |
| | hál, hálat | हाल; हालत् |
| city | sahar | सहर |
| civilian (non-military) | dhákre | ढाक्रे |
| civil (polite) | sushil | सुशील |

| | | |
|---|---|---|
| claim | adhikár, dáwá | अधिकार, दावा |
| to | (ko) hakk | (को) हक्क |
| | chaláunnu | चलाउंनु |
| | (ko) dáwá | (को) दावा |
| | chaláunnu | चलाउंनु |
| clan | pad, thar, kul, | पद, थर, कुल, |
| | ját | जात |
| clap, to | thapari márnu | थपरि मांर्नु |
| clasp (medal) | dandi | डंडी |
| class (rank) | darjá | दर्जा |
| (school) | barga, shreni | बर्ग, श्रेणी |
| claw | nangrá, panja | नंग्रा, पंजा |
| to | kornu | कोर्नु |
| clay | hilo, chhiplo | हीलो, छिप्लो |
| | máto | माटो |
| clean | saphá, sugghar | सफा, सुग्घर, |
| (religiously) | chokho | चोखो |
| to | saphá garnu | सफा गर्नु |
| | chokhyáunnu | चोख्याउंनु |
| clear (water) | saunlo, sángulo | सौंलो, सांगुलो |
| clearly | pragatogari | प्रगटोगरि |
| clever | chatur, chalákh, | चतुर, चलाख, |
| | sipálu; teji, táto | सिपालु; तेजी, तातो |
| cleverness (skill) | sip | सिप् |
| cliff | pahará, bhir | पहरा, भीर् |

| | | |
|---|---|---|
| climate (of a place) | háwá-pàni | हावापानी |
| (cool of weather) | shital | शीतल |
| (hot) | aul | औल |
| clock | ghari | घरी |
| close, to | thunnu, band | थुन्नु, बन्द |
| | garnu | गर्नु |
| (eye) | chimlaunu | चिमूलनुं |
| (with cover) | dháknu | ढाक्नु |
| close (near) | najik, (ko) | नजिक, (को) |
| | chheumá | छेउमा |
| cloth | kapará | कपरा |
| (clothes) | lugá, posák | लुगा पोसाक |
| cloud | bádal, dhuuri | बादल् , धुंरी, |
| | megh | मेघ |
| (fog) | kuiro | कुइरो |
| clove | lwáng | ल्वांग |
| cloven | chiriyeko | चीरीयेको |
| clump | jháng, ghári | झाङ, घारि, |
| (thick) | pátal | पातल |
| clumsy | lathepro, lothro | लठेप्रो, लोथ्रो |
| coal | patthar koilá | पत्थर कोइला |
| coarse | báklo, khasro | बाक्लो, खसरो |
| coax, to | phakáunnu | फकाउंनु |
| cob (maize etc.) | ghogá | घोगा, |
| (without corn) | khoyo | खोयो |
| cobbler | sárki | सार्की |
| cobweb | mákuráko jál | माकुराको जाल |

| | | |
|---|---|---|
| cock | bhále | भाले |
| cockroach | sá*n*gli kira | सांगूली कीरा |
| coconut | nariwal, golá, gari | नरिवल, गोला, गरी |
| cold (adj.) | járo | जाडो, |
| (and damp) | chiso | चीसो |
| (weather) | járo, hiu*n*do | जाडो, हिंउंदो |
| (sickness) | rughá | रुघा |
| collapse, to | bhatka*n*nu, larnu | भत्कनुं, लड्‌नुं |
| (overthrow) (trans) | bhatkáu*n*nu | भत्काउंनु |
| collect, to (tr.) | batulnu, jammá garnu | बटुल्‌नु, जम्मा गर्नु, |
| | sá*n*chnu, samálnu | साँच्‌नु, समालनु |
| | bhelá garáu*n*nu, | भेला गराउंनु, |
| | samelnu | समेलनु, |
| (intr) | thupri*n*nu | थुप्रींनु |
| collide, to (tr.) | thokar lagáu*n*nu | ठोकर् लगाउंनु |
| (int.) | thokar lágnu | ठोकर् लाग्‌नु |
| | jujhnu, thoki*n*nu | जूझनु, ठोकींनु |
| collision | thokar | ठोकर |
| colour | ra*n*g | रंग |
| colours (regimental) | jha*n*dá | झंडा |
| comb | ká*n*giyo | कांगियो |
| to | (kes) kornu, (kapál) kornu | (केस) कोर्नुं, (कपाल) कोर्नुं |
| come, to | áu*n*nu | आउंनु |
| comic; comedy | swá*n*g, thattá | स्वांग, ठट्टा |

| | | |
|---|---|---|
| comical | swá*n*gi, thateulá | स्वांगी, ठटेउला |
| coming (e.g. next week) | áu*n*do | आउंदो |
| command | ágyá, hukum | आज्ञा, हुकुम |
| to | ,, ,, di*n*nu | ,, ,, दिंनु |
| commit, to (do) | garnu | गर्नु |
| (entrust) | sompi di*n*nu | सोम्पि दिंनु |
| | hálnu | हाल्नु |
| common | sádháran, sartare | साधारण, सर्तरे |
| companion | sáthi | साथी |
| companionship | sa*n*gat | संगत |
| company (crowd) | gatthá, dhuiro | गट्ठा, धुइरो |
| compared, to be | tá*n*ko mà pugnu | टाँको मा पुग्नु |
| comparison | tá*n*ko | टाँको |
| complaint | phirát, sikáit | फिरात्, सिकाइत |
| complete | puro, dakka | पुरो, डक्क |
| complete, to | puro garnu, | पुरो गर्नु, |
| | sá*n*gge garnu | साङ्गे गर्नु |
| | sidhyáu*n*nu | सिध्याउंनु |
| completely | bhusukka | भुसुक्क |
| compulsion (compel to) | kar (kar lagáu*n*nu) | कर, (कर लगाउंनु) |
| conceal, to | lukáu*n*nu, | लुकाउंनु, |
| | chhopnu | छोप्नु |
| | dhāknu, gupta | ढाक्नु, गुप्त |
| | rákhnu | राख्नु |
| confess, to | káel hu*n*nu | काएल हुंनु |
| confiscate, to | pach párnu | पच पार्नु |
| conflict | larái*n*, jhagará | लड़ाइं, झगरा |

| | | |
|---|---|---|
| confuse, to | ghabráu*n*nu, atyáu*n*nu | घबूराउंनु, अत्याउंनु |
| conquer, to | jitnu | जीतूनु |
| consent | salláh, mato, ráji | सल्लाह, मतो, राजी |
| to | ráji hu*n*nu, mánnu | राजी हुंनु, मान्नु |
| consult, to | (sita) mato garnu<br>(sita) salláh garnu | (सित) मतो गर्नु<br>(सित) सल्लाह गर्नु |
| contain, to | atáu*n*nu | अटाउंनु |

(how much does this contain = yesmá kati atáu*n*chha)

| | | |
|---|---|---|
| continue, to | lági raha*n*nu, verb + raha*n*nu | लागि रहनुं, verb + रहनुं |
| contractor | thikádár | ठीकादार |
| contrary | biruddha, ulto | बिरुद्ध, उल्टो |
| contrivance | upáya | उपाय |
| control, to | tábimá rákhnu, bas má rákhnu | ताबिमा राख्नु, बस मा राख्नु |
| convict, to | doshi / aparádhi } thaharáu*n*nu | दोषी / अपराधि } ठहराउंनु |
| convinced, to be | chitta bujhnu | चित्त बुझ्नु |
| cook | bhánse, pakau*n*ne | भान्से, पकाउंने |
| to | pakáu*n*nu | पकाउंनु |
| cook-house | bhánsághar | भान्साघर |
| cooking-pot | bhá*n*rá | भांड़ा |
| cool (adj.) | sittal | सित्तल् |
| to (tr.) | seláu*n*nu | सेलाउंनु |
| coolie | bhariyá, kulli | भरीया, कुली |

| | | |
|---|---|---|
| copper | tánmá, tánba | तांमा, तांबा |
| coppersmith | bánrà | बांड़ा |
| copy a | nakal | नकल् |
| to | sárnu | सार्नु |
| (to imitate) | nakal utárnu or pàrnu | नकल उतार्नु or पार्नु |
| cord | dori | डोरी |
| cork | bujo, birko | बुजो, बिर्को |
| to | bujyáunnu | बुज्याउंनु |
| corn | anna, gerá, dáná, anáj | अन्न, गेड़ा, दाना, अनाज |
| (on foot) | thelá, khil | ठेला, खिल |
| corner | kuná | कुना |
| (of a road) | ghumti | घुम्ती |
| correct | thik | ठीक |
| to | sudhárnu, sapárnu | सुधार्नु, सपार्नु |
| (exam. paper etc.) | (ko) bhul tipnu, sudhárnu | (को) भूल टिप्नु सुधार्नु |
| corpse | murdá, loth, làs | मुर्दा, लोथ, लास् |
| cost | kharcha, dám, mol, bháu | खर्च, दाम, मोल, भाउ |
| costly | mahango | महंगो |
| cotton | kapás, ruwá | कपास, रुवा |
| cough | khoki, khánsi | खोकि खांसि |
| to | khoknu, khánsnu | खोक्नु, खांस्नु |
| count, to | gannu | गन्नु |

| | | |
|---|---|---|
| country | des, muluk | देस, मुलुक |
| (opp. to town) | basti | बस्ती |
| courage | sáhas, dhiraj, | साहस, धिरज, |
| | birtà | बिर्ता |
| court-yard | ághan | आधन |
| court (of justice) | adálat, kachahri | अदालत, कचहरी |
| cover (lid) | dhakana | ढकन |
| to | dhákuu, chhopnu | ढाक्नु, छोप्नु |
| cow | gái | गाई |
| coward | káphar | काफर |
| cow-dung | gobar | गोबर |
| cow-herd | gothálá | गोठाला |
| cow-shed | goth | गोठ |
| crack, to (tr.) | charkáunnu | चर्काउंनु |
| (intr.) | charkannu, phutnu | चर्कंनु, फुट्नु |
| cramp, to get | látinnu, akarinnu, | लाटींनु, अकड़ींनु, |
| | kakrakai hunnu | कक्रकै हुंनु |
| craving, to get a (to come again and again) | palkannu | पल्कंनु |
| cream | tar, | तर् |
| credit (money) | udháro | उधारो |
| creeper | lahará | लहरा |
| crest (of hill) | tákuri, tháplo | टाकुरी, थाप्लो |
| crime | páp, kasur, | पाप, कसुर, |
| | kukarmma | कुकर्म्म |

| | | |
|---|---|---|
| criminal (noun) | pápi, pátaki, | पापी, पातकि, |
| | kukarmi | कुकर्मी |
| cripple, a | khorande, lulo, | खोरण्डे, लुलो, |
| | la*n*gro | लंग्रो |
| crooked | bá*n*go, terho | बांगो, टेढ़ो |
| cross, to (river) | tarnu | तर्नु |
| (legs) | pai*n*leti basnu | पैंलेटि बस्नु |
| (hill etc.) | kátnu | काट्नु |
| crossing (of river) | ja*n*gár | जङ्गार |
| crouch, to | [illegible]knu | ढुक्नु |
| crow a | kág | काग |
| crow-bar | jhampál | झम्पाल |
| crowd a | dhuiro, ghacháro, | धुइरो, घचारो, |
| | hul | हुल् |
| (pressure of work) | ghacháro | घचारो |
| crush, to | pelnu, chepnu, | पेल्नु, चेप्नु, |
| | michnu | मीच्नु |
| cry, to | karáu*n*nu | कराउंनु, |
| (weep) | ru*n*nu | रुंनु |
| cucumber | ká*n*kra | कांक्रा |
| cultivate, to | kheti garnu, | खेति गर्नु, |
| | kamáu*n*nu | कमाउंनु |
| (plants. etc.) | láu*n*nu | लाउंनु |
| cultivator | kisáni | किसानी |
| cup | batuko, katorá | बटुको, कटोरा |
| | pyálá | प्याला |
| curd | dahi | दही |
| curry | tihun, tarkári | तिहुन, तर्कारी |

| | | |
|---|---|---|
| curtain | pardá | पर्दा |
| custom | báni, rit | बानि, रीत |
| cut, to | kátnu | काट्नु |
| (to the quick) | bhani bijháu*n*nu | भनि बिझाउंनु |

**D**

| | | |
|---|---|---|
| Dacoit, robber | dáku, chor | डाकु, चोर |
| daily | dinai pichchhe, rojindá | दिनै पिच्छे रोजिन्दा |
| damage | háni, noksán, nás | हानि, नोक्सान, नास |
| to | bigárnu, nás garnu, nás párnu | बिगार्नु, नास गर्नु, नास पार्नु |
| damp | chiso, osiyeko | चीसो, ओसीयेको |
| to | osáu*n*nu, bhijháu*n*nu | ओसाउंनु, भीझाउंनु |
| dance | nách | नाच |
| to | náchnu | नाच्नु |
| dancing place(village hall) | rodi | रोदी |
| danger | dar, bhay | डर, भय |
| dangerously (ill) | sikista | सिकीस्त |
| dangle, to | jholi*n*nu | झोलिंनु |
| daring | á*n*tilo, sáhasi, nidar | आंटीलो, साहसी, निडर |
| darkness | a*n*dhyáro, a*n*dhakár | अंध्यारो, अंधकार |
| darn, to | tunnu, tálnu | टुन्नु, टाल्नु |
| dasehra | dasai*n* | दसैं |

| | | |
|---|---|---|
| date (day) | tárikh, tithi | तारीख, तिथि, |
| | gate | गते |
| (fruit) | khajur | खजूर |
| daub, to | | |
| (e g. mud-on walls) | lipnu, potnu | लिप्नु, पोत्नु |
| daughter | chhori | छोरी |
| dawn | ujyálo, surajudáy | उज्यालो, सुरज्उदाय |
| day | din | दिन |

asti=day before yesterday, hiju=yesterday, aju=today bholi=tomorrow, parsi=day after tomorrow, naparsi or nikorsi=two days after tomorrow

| | | |
|---|---|---|
| day time (during the day) | diunso | दिउंसो |
| dead | mareko | मरेको |
| deaf | bairo | बैरो |
| deal out, to (food) | paskannu | पस्कंनु |
| dear (costly) | mahango | महंगो |
| (fond) | pyáro, priya | प्यारो, प्रयि |
| death | maran, (fig) kál | मरण, काल |
| debt | rin, karjá | रीण, कर्जा |
| debtor | asámi | असामि |
| decay, to | kuhunnu, | कुहुंनु, |
| | makinnu | मकिंनु |
| deceive, to | chhalnu, thagnu, | छल्नु, ठग्नु, |
| | dánsnu | डाँस्नु |
| | dhántnu, dhoká | ढांट्नु, धोका |
| | dinnu | दिंनु |

| | | |
|---|---|---|
| decided, to be | (ko) khut basnu | (को) खुद् बस्नु |
| decorate, to | si*n*gárnu | सिङ्गार्नु |
| decrease, to (tr.) | ghatáu*n*nu | घटाउंनु |
| (intr) | ghatnu, kam hu*n*nu | घट्नु, कम् हुंनु |
| deduct, to | ghatáu*n*nu, kátnu | घटाउंनु, काट्नु |
| deep | gahiro, gairo | गहीरो; गैरो |
| deer | mirga | मिर्ग |
| defer, to (put off) | biyá*n*lo garnu | बियांलो गर्नु |
| delay, to (intr.) | biyá*n*lo garnu, tárnu, tunnu | बियांलो गर्नु, टार्नु, टुन्नु |
| | abelá garnu | अबेला गर्नु |
| (tr.) | dhilo garáu*n*nu | ढीलो, गराउंनु |
| demonstrate to | dekháu*n*nu | देखाउंनु |
| demon | rákshas | राक्षस् |
| den | orhár | ओढार |
| dense (jungle) | báklo, bindra | बाक्लो, बिन्द्र |
| depart, to | chhornu, jái já*n*nu, bidá hu*n*nu | छोड्नु, जाइ जांनु, बिदा हुंनु |
| deprive, to | (dekhi) khosi di*n*nu | (देखि) खोसि दिंनु |
| descend, to (a hill) | orhla*n*nu, jharnu | ओह्लंनु, झर्नु |
| (e g. from a train) | utra*n*nu, jharnu | उत्रंनु, झर्नु |
| descent | ohrálo | ओह्रालो |
| describe, to | (ko) bakhán garnu | (को) बखान गर्नु |
| description | bakhán, bayán | बखान, बयान, |

| | | |
|---|---|---|
| desert, a | balaute tháu*n* | बलौटे ठाउं |
| (sandy place) | bagar, registán | बगर, रेगिस्तान् |
| to (tr.) | chatakka chhárnu | चटक्क छाड़नु |
| | chhornu, tyagnu, | छोड़नु, त्याग्नु, |
| | bhágnu | भाग्नु |
| (intr.) | bhágnu | भागनु |
| deserter | bhaguwá, bhagaurá | भागुवा, भगौड़ा |
| despair | nirás | निरास |
| despise, to | tuchchh garnu, | तुच्छ गर्नु, |
| | helá garnu | हेला गर्नु |
| destiny | bhág | भाग |
| destitute | kangáli, | कंगालि, |
| | harikangál | हरिकंगाल |
| destroy, to | nás párnu, | नास पार्नु, |
| | bhatkáu*n*nu | भत्काउंनु |
| | metnu | मेट्नु |
| detail, to (for duty) | khatáu*n*nu | खटाउंनु |
| deteriorate, to | bigra*n*nu | बिग्रंनु |
| detest, to | ghinàu*n*nu | घिनाउंनु |
| develop to (get fat) | pushti*n*nu | पुष्टिंनु |
| deviate, to | tarka*n*nu | तर्कंनु |
| devise, to | (ko) upáya garnu | (को) उपाय गर्नु |
| dew | sit, os | सीत, ओस |
| diarrhoea | pakhálo, chherauti | पखालो, छेरौटि, |
| dice | pàsá | पासा |
| diet | khurák, khánápiná | खुराक, खानापीना, |
| | kháne kurá | खानेकुरा |

| | | |
|---|---|---|
| difference | antar | अन्तर |
| different | beglai, bhindo | बेग्लै, भिन्दो |
| difficult | sáro, kathin, | सारो, कठिन, |
| | mushkil | मुश्किल |
| | apthàro, asajilo | अप्ठारो, असजीलो |
| dig, to | khannu | खन्नु |
| digest, to | pacháunnu | पचाउंनु |
| digestible | pachne | पच्ने |
| dim (light) | madhuro, | मधूरो |
| (sight) | dhamilo | धमीलो |
| dip, to | chopnu, buráunnu | चोप्‌नु, बुकाउंनु |
| direct (quite straight) | sojo | सोजो |
| direction | dishà, tira | दिशा, तिर |
| dirt | maila, | मैल, |
| (rubb...) | kasingar | कसिङ्गर |
| dirty | mailo, phohari | मैलो, फोहरी |
| (water) | dhamilo | धमीलो |
| disappear, to | alpinnu, metinnu | अल्पींनु मेटींनु |
| discernment (discretion) | bibek | बिबेक |
| discharge, to (military) | náun katáunnu | नाउं, कटाउंनु |
| discordant (out of tune) | besurá | बेसुरा |
| discourage, to | biralnu | बिरल्‌नु |
| discover, to | páunnu | पाउंनु |
| | phelà párnu | फेला पार्नु |
| disease | rog, bethá | रोग; बेथा |
| disgrace | helá | हेला |
| dishonest | chhali, kapti | छली, कप्टी |
| dismiss, to (tr.) | chhutti dinnu | छुट्टी दिंनु |
| | chhutáunnu | छुटाउंनु |

| | | |
|---|---|---|
| **disperse, to (tr.)** | phinjàunnu, phailánu | फिंजाउंनु, फैलानु |
| **(intr.)** | phailanu, phinjinnu | फैलनु, फिंजींनु |
| **dispute** | jhagará, bibád | झगरा. बिवाद् |
| **distant** | tárho, táro | टाढ़ो, टोढ़ो |
| **distribute, to** | báurnu, bhág garnu | बांड्नु, भाग गर्नु |
| **district** | jilla, ilákhá, khanda | जिल्ला, इलाखा, खण्ड |
| **disturbance** | hala, hul, háhu, halagula | हल, हुल, हाहु, हल-गुल |
| **disturb, to** | dagnu | डग्नु |
| **ditch (drainge)** | kulo | कुलो |
| **(pit)** | khálto | खाल्टो |
| **divide, to (share out)** | bàntnu, báurnu | बांट्नु बांड्नु |
| **dizziness** | ringáto | रिङ्गाटो |
| **dizzy, to be** | ,, lágnu | ,, लाग्नु |
| **do, to** | garnu | गर्नु |
| **(one's best)** | dhun garnu | धुन् गर्नु |
| **(one's worst) to** | nethnu | नेठ्नु |
| **doctor** | baide | बैदे |
| **dog** | kukur | कुकुर |
| **donkey** | gadáha, gadhá | गद्दाह, गधा |
| **door** | dailo, duwár, dhoká | दैलो, दुवार्, ढोका |

| | | |
|---|---|---|
| double | dui-guná, dohoro | दुइ गुणा, दोहोरो |
| | dobar | दोबर |
| doubt | sha*n*ká, sandeh | शंका, सन्देह |
| doubtless | nisse, abasse | निस्से, अवस्से |
| dove | dhukur | दुकुर |
| down | tala, muntira, | टल, मुन्तिर, |
| | muni | मुनि |
| downhill | ohrálo | ओह्रालो |
| dowry | dáijo | दाइजो |
| doze, to | u*n*gnu | ऊंग्नु |
| drag, to | ghissyáu*n*nu | घिस्याउंनु |
| | tánnu | टान्नु |
| drain | kulo, náli | कुलो, नाली |
| draw, to (pull) | tánnu | तान्नु |
| (sward etc.) | jhiknu | झिक्नु |
| (water) | bharnu | भर्नु |
| (picture) | utárnu | उतार्नु |
| drawer | daráj, khopi | दराज, खोपी |
| drawers (clothes) | hàp ja*n*ge | हाप् जंगे |
| dream | sapaná | सपना |
| dress | lugá, poshák, | लुगा, पोशाक, |
| | bastar | बस्तर |
| to | lugá lagáu*n*nu | लुगा लुगाउंनु |
| dried | sukeko | सुकेको |
| drill (military) | kawáj, dalel | कवाज, दलेल् |
| to (intr.) | kawáj khelnu | कवाज खेल्नु |
| (tr.) | „ kheláu*n*nu | कवाज खेलाउंनु |

| | | |
|---|---|---|
| drink, (strong) | raksi | रक्सी |
| to | khá*n*nu | खांनु |
| drip, to | chuhu*n*nu | चुहुंनु |
| drive, to (away) | dhapáu*n*nu | धपाउंनु |
| (car etc.) | chaláu*n*nu | चलाउंनु |
| drizzle | rimijhimi or | रिमिझिमि or |
| | rimrime + páni | रिम्रिमे + पानी |
| drop a | thopo, thoplo | थोपो, थोप्लो |
| to (fall) intr. | jharnu, khasnu | झर्नु, खस्नु |
| tr. | khasàlnu | खसाल्‌नु |
| drought | khareri | खड़ेरी, |
| drove, a | bathán, bagăl | बथान, बगाल |
| drown, to (tr.) | dubáu*n*nu, | डुबाउंनु, |
| | buráu*n*nu | बुड़ाउंनु |
| (intr.) | dubnu, burnu | डुब्नु, बुड्‌नु |
| drum, a | tambar, dhol | तम्बर, ढोल |
| | nagárá | नगारा |
| (tomtom) | mádal | मादल |
| drunk | má*n*teko | मांतेको |
| drunkard | matwálá | मत्‌वाला |
| dry | sukeko | सुकेको |
| to | sukáu*n*nu | सुकाउंनु |
| dryland (e.g. on hill side) | pákhá | पाखा |
| duck | há*n*s | हांस |
| dull (stupid) | murkha, dhilo | मुर्खा, ढीलो |
| dumb | látá | लाटा |

| | | |
|---|---|---|
| dung (manure) | mal | मल |
| (cow-dung) | gobar | गोबर |
| (horse-dung) | lidi | लीदि |
| (human) | gu, guhu | गू, गुहु |
| during | ko belá mà, | को बेला मा, |
| | hundàkheri | हुन्दाखेरी |
| dust | dhulo | धूलो |
| dusty | dhule, dhulilo | धूले, धूलिलो |
| dustbin | dhwáng | ढवाङ्ग |
| dwarf | bàunne, ho*n*cho | बाउन्ने, होंचो |
| | purke | पुड्के |
| dwell, to | basnu, raha*n*nu | बस्‌नु, रहंनु |
| dweller | bási | बासी |
| dye, to | rangáu*n*nu | रङ्गाउंनु |
| dysentery | ragatmá*n*si | रगत्‌मांसी |

**E**

| | | |
|---|---|---|
| each | jana*n*ge, ek ek | जनंगे, एक एक |
| eagle | garul, hárphorá | गड़ल, हाड़्फोरा |
| ear | kán | कान |
| (maize) | ghogá, | घोगा |
| (corn etc.) | bálá | बाला |
| early | belaima | बेलैमा |
| (morning) | bihánai | बिहानै |
| earn, to | kamáu*n*nu | कमाउंनु |
| earnings | kamái | कमाई |
| ear-ring | mu*n*dro | मुंद्रो |

| | | |
|---|---|---|
| earth (planet) | duniyá | दुनिया |
| (soil) | máto | माटो |
| earthquke | bhuṅichál | भूंइचाल |
| East | purba, purab | पूर्व, पूरब |
| easy | sajilo | सजीलो |
| eat, to | khàṅnu | खांनु |
| eaves | baleni, | बलेनी |
| economise, to | phàru garnu | फारु गर्नु |
| edge (side) | chheu | छेउ |
| (knife etc.) | dhár | धार |
| educate, to | .parháuṅnu, | पढ़ाउंनु; |
| | sikháuṅnu | सिखाउंनु |
| efface, to | metnu | मेट्नु |
| effect | phal | फल |
| effects | álmál, jhitimiti | आल्माल, झिटिमिति, |
| | rahal pahal | रहल् पहल् |
| effort | jatan, mihinat, | जतन; मिहीनत, |
| | phikri | फिक्रि |
| egg | kukhrá ko phul | कुख्रा को फुल् |
| egg-shell | phul ko khoshtá | फुलको खोष्टा |
| either | koi pani, kunai | कोई पनि, कुनै |
| | pani | पनि |
| either...or | ki ta..ki tá | कि त......कि ता |
| eject, to | nikálnu | निकाल् नु |
| elbow | kuini | कुइनी |
| elder | jetho, thulo | जैठो, ठूलो |
| (elder brother) | dájyu, dái | दाज्यू, दाई |

| | | |
|---|---|---|
| elderly | chhippieko | छिप्पीएको |
| elect, to | chhánnu, rojnu | छान्नु, रोज्नु |
| elephant | háthi, hàtti | हाथी, हात्ति |
| else adv. | hoina bhanye ta | होइन भन्ये ता |
| | natratá | नत्रता |
| embrace, to | a*n*gálo mà*n*rnu | अङ्गालो मांर्नु |
| empire | ráj | राज |
| employ, to | kámmá láu*n*nu | काममा लाउंनु |
| empty | khálí, ritto | खालि, रित्तो |
| (hollow) | khokro | खोक्रो |
| (place) | sunne | सुन्ने |
| to | khálí garnu, | खालि गर्नु, |
| | rityáu*n*nu | रित्याउंनु |
| encircle, to | ghernu, gherá | घेर्नु, घेरा |
| | bálnu | हाल्नु |
| end (the) | anta, ákhiri | अन्त, आखिरि |
| to (tr.) | sidhyáunnu, | सिध्याउंनु, |
| | bhiyáu*n*nu | भियाउंनु |
| (intr.) | khatam hu*n*nu | खतम हुंनु |
| | sakki*n*nu | सकींनु |
| endure, to | saha*n*nu | सहुंनु |
| enemy | dushman, bairi | दुश्मन; बैरि; |
| | sattur | सत्तुर |
| energy | phurti, bal, shakti | फुर्ति, बल, शक्ति. |
| engine (machine) | kal, sá*n*cho | कल, सांचो |
| enjoy, to | subhog garnu, | सुभोग गर्नु, |
| | ramailo garnu | रमैलो गर्नु |
| enjoyment | ánanda, khusi | आनन्द, खुशी |

| | | |
|---|---|---|
| enlist, to (tr.) | bharti garnu, | भर्ति गर्नु, |
| | làhurmà làunnu | लाहुर् मा लाउंनु |
| (intr.) | bharti hunnu, | भर्ति हुंनु, |
| | làhurmà àunnu | लाहुर् मा आउंनु |
| enough | bhayo | भयो |
| to be | pugnu | पुग्नु |
| entangle, to | aljháunnu | अल्झाउंनु |
| enter, to | pasnu | पस्नु |
| entire | singai, puro, sabai | सिंगै, पूरो, सबै |
| | sarai | सारै |
| entrails | ándrá, bhitráns | आंद्रा, भित्रांस |
| entreat, to | (sita) binti garnu | (सित) बिन्ति गर्नु |
| entrust, to | sompi rákhnu | सोम्प राख्नु |
| envelope | lipháphá, khám | लिफाफा, खाम्, |
| | khol | खोल् |
| envy | dáhá, ikh | डाहा, इष् |
| epoch | san, jug | सन, जुग |
| equal | barábar, ekai | बराबर, एकै |
| equip, to | tiyár párnu | तियार पार्नु |
| erase, to | metàunnu | मेटाउंनु |
| erect | tháro, sojo | ठाड़ो, सोजो |
| to | ubhyáunnu | उभ्याउंनु |
| err, to | bharminnu, bhul | भर्मीनु, भुल्, |
| | garnu | गर्नु |
| error | bhul, chuk | भूल, चुक |
| escape, to | bànchnu, joginnu | बांच्नु, जोगीनु |
| especially | khásgari | खास्गरि |

| | | |
|---|---|---|
| esteem | mán | मान |
| etcetera | ityádi | इत्यादि |
| even adj. | samma, barábar | सम्म, बराबर |
| adv. | pani, po | पनि, पो |
| evening | sánjh, beluká | सांझ, बेलुका |
| ever (always) | sadhain, nitye | सधैं, नित्ये |
| every (persons) | jananige, | जनंगे |
| (things) | sabai, jammai | सबै, जम्मै |
| everywhere | jahánsukai, | जहांसुकै, |
| | jahànsamma | जहांसम्म |
| | kahinpani | कहीं पनि |
| evidence | sákshi, gawái, | साक्षी, गवाई, |
| | guhái | गुहाई |
| evil | páp, burái | पाप्, बुराई |
| (harm) | háni | हानि |
| (adj.) | najáti, narámro, | नजाति, नराम्रो, |
| | burá | बुरा |
| | dushta | दुष्ट |
| ewe | bhenri | भेंडी |
| exactly | thik | ठीक् |
| examination | jánch, imtihán | जांच्, इम्तिहान् |
| examine, to | jánchnu | जांच्नु |
| example | namuná, napaná | नमुना, नपना |
| excavate, to | khopnu, khannu | खोप्नु, खन्नु |
| excellent | assal | अस्सल |
| except (prep.) | báhik, sewái | बाहिक, सेवाई |
| | chhorikana | छोडिकन |

| | | |
|---|---|---|
| **excess** | jyásti | ज्यास्ति |
| **exchange, to** | sátnu | साट्नु |
| n. (of sentries = relief | (ko) badalá | को बदला |
| **excited** | á*n*tiyá | आंतिया |
| **excitement** | garbar, jos | गड्बड् जोस्, |
| **excrement (human)** | guhu, gu | गुहु, गु |
| **excuse** | baháná, uttar | बहाना, उत्तर |
| **execrate, to** | sarápnu, | सराप्नु, |
| | dhikkàrnu, | धिक्कार्नु |
| | ghináu*n*nu | घिनाउंनु |
| **exercise** | sádhan, kasrat | साधन, कसरत् |
| to | sadáu*n*nu, kasrat | सदाउंनु, कसरत |
| | garnu + lái | गर्नु + लाई |
| **exhaust, to** | thakáu*n*nu | थकाउंनु |
| **exhort, to** | chetáu*n*nu | चेताउंनु |
| **expect, to (person)** | (ko) bato hernu | (को) बाटो हेर्नु |
| (thing) | (ko) ás garnu | (को) आस गर्नु |
| **expensive** | maha*n*go | महंगो |
| **explain, to** | (ko) artha | (को) अर्थ |
| | dekháu*n*nu | देखाउंनु |
| | artha kholnu | (को) अर्थ खोल्नु, |
| | bujháu*n*nu | बुझाउंनु |
| **explode, to** | phutnu, parkanu | फुट्नु, पड्कनु |
| **external** | báiri | बाहरी |
| **extra** | pháltu | फाल्तु |
| **eye (body)** | ánkhá | आंखा |
| (needle) | nàthri | नाथ्रि |

| | | |
|---|---|---|
| eye-ball | ánkhá ko dalla, | आंखाको डल्ला |
| | geri | गेड़ी |
| eye brow | ánkhi bhuni | आंखिभूंई |
| eyelash | parelá | परेला |
| eyelid | palak | पलक |
| eyesight | drishti | दृष्टि |
| **F** | | |
| face | mukh | मुख |
| | mohonrà, anhwàr, | मोहोंड़ा, अनृव्हार, |
| | rup | रूप |
| to (trans.) | (sita) mukhámukh garnu | (सीत) मुखामुख गर्नु |
| face to face | sánmu sánmu | सांमु सांमु |
| | mukhàmukh | मुखामुख् |
| fact | kura, satye | कुरा, सत्ये |
| factory | karkháná | कर्खाना |
| faggot | dáuráko bitá | दाउराको बिटा |
| faint adj. | nirbal, udás | निर्बल, उदास |
| to | murchhá hunnu or parnu | मुर्छा हुंनु or पर्नु |
| fair adj. (just) | sojo, thik, sidho, | सोजो, ठीक, सीधो, |
| | sáncho, sudho | सांचो, सुधो |
| (light-skin) | goro | गोरो |
| (beautiful) | ramro, sundar | राम्रो, सुन्दर |
| noun | mela, bajár, hát | मेला, बजार, हाट |
| fairly adv. | nikai | निकै |

| fall; to (on ground) | lotnu, khasnu, | लोट्नु, खस्नु, |
|---|---|---|
| | jharnu, dhalnu | झर्नु. ढल्नु |
| (of wall etc.) | bhatkanu | भत्कनु |
| fallow | bánjho | बांझो, |
| (i.e. uncultivated land) | | |
| false | jhutho, chhali | झूठो, छलि |
| falsehood | dhánt, jhuth, | ढांट्, झूठ्, |
| | chhal, asatye | छल, असत्ये |
| family | jahán, | जहान्, |
| (children) | santán | सन्तान |
| (race) | ját, hár, ba*n*s | जात्, हाड़, बंस् |
| famine | anikál | अनिकाल् |
| famous | jasilo, prasidhha, | जसीलो, प्रसिद्ध, |
| | námi | नामि |
| far adj. | táro | टाड़ो |
| adv. | táro, para | टाड़ो, पर |
| (e.g. far bigger) | jhan | झन् |
| (very much) | agghor, dherai | अग्घोर, घेरै |
| fare (money) | kiráhi, bhárá | किराही, भारा |
| (food) | khá*n*nekurà | खांनेकुरा |
| farewell | bidá | बिद |
| to bid | bidá di*n*nu | बिदा दिंनु |
| to say | bidá garnu | बिदा गर्नु |
| farm | khetbári, jimin | खेत्बारी, जिमीन् |
| | jaggá | जग्गा |
| to (cultivate) | khetibári garnu | खेतिबारी गर्नु |
| | kamáu*n*nu, jotnu | कमाउंनु, जोतनु |

| | | |
|---|---|---|
| farther | para, aru táro | पर, अरु, टाढ़ो |
| (moreover) | upránta, ajha | उप्रान्त, अझ |
| fashion (custom) | rit, chál | रीत, चाल |
| (habit) | báni | बानी |
| (appearence) | rup, dawal | रूप, डवल |
| fast (no food) | upás | उपास् |
| (firm) | arilo | अड़ीलो |
| (quick) | chhito | छिटो |
| fasten, to | bándhnu, kasnu | बांधनु, कस्नु |
| | jornu | जोर्नु |
| fat (noun) | boso | बोसो |
| (adj.) | moto | मोटो |
| fate | bhág, karma, kismat | भाग्, कर्म, किस्मत् |
| father | bábu, bábá, báá, pità | बाबु, बाबा, बाआ पिता |
| ,, in-law | sasurà | ससुरा |
| fafigue (weariness) | thakái | थकाई |
| fault | bhul, birau, bhulchuk | भूल, बिराउ, भूलचूक |
| | kalánk, dosh (dokh), kasur | कलङ्क, दोष्, कसूर् |
| favour, to | (máthi) kirpa garnu | •(मांथी) किर्पा गर्नु |
| fear | dar, bhay | डर, भय |
| to (trans) | (dekhi) daráunnu | (देखि) डराउंनु |

| | | |
|---|---|---|
| fearful (timorous) | daráu*n*ne | डराउंने |
| (terrible) | darlágdo | डर लाग्दो |
| feather | po*n*kh, bhutlá | पोंख, भुतला |
| Febuary (15 Feb-15 March) | phágun | फागुन् |
| feeble | dublo, nirbal | दुब्लो, निर्बल |
| feed, to (trans.) (cattle) | charáu*n*nu, | चराउंनु, |
| | pálnu, khuwáu*n*nu | पाल्नु, खुवाउंनु, |
| (intr.) (graze) | charnu | चर्नु |
| (eat) | khá*n*nu | खांनु |
| feel, to | chhámnu | छाम्नु |
| (stroke) | masárnu | मसार्नु |
| (know) | jánnu | जान्नु |
| (as earthquake) | chál or tháhá | चाल, or थाहा |
| | páu*n*nu | पाउंनु |
| fellow (companion) | sáthi | साथी |
| (person) | mànchhe, jana | मान्छे, जन |
| female (human) | nári, áimái | नारी, आइमाइ |
| (birds) | pothi | पोथी |
| (animals) | murli | बार |
| fence | bár | मुर्ली |
| ferry (place) | ghàṭ | घाट् |
| (boat) | náu du*n*gà | नाउ, डुंगा |
| to (cross) | tarnu, tárnu | तर्नु, तार्नु |
| fertile | malilo, upjane | मलीलो, उप्जने |
| fetch, to | láu*n*nu | लाउंनु |
| fetṭer | sá*n*glo, nel | सांग्लो, नेल |
| to | nel thoknu | नेल ठोक्नु |

| | | |
|---|---|---|
| fever | jaro, táp, aulá | जरो, ताप, औला |
| few | alikatá, thorai | अलिकता, थोरै |
| fibre | pát | पाट् |
| fiddle | sárangi | सारंगी |
| field (irrigated) | khet, | खेत्, |
| (near house, garden) | bári, | बारी, |
| (open, on hillside) | | |
| | pákhá | पाखा |
| fife | murali | मुरलि |
| fig | nebhárá, beru | नेभारा, बेड़् |
| fight, (noun) | laráiu | लड़ाई |
| to | (sanga) larnu, | (सङ्ग) लड़्नु |
| | laráin garnu | ,, लड़ाईं गर्नु |
| (sham fight) | khelánchi khel | खेलांचि खेल |
| figure (numeral) | ankha | अंख |
| (form, body) | rup, anuwár | रूप, अनुवार |
| | sarir | सरीर |
| file (instrument) | ret, reti | रेत्, रेती |
| (of papers) | nathi | नत्थी |
| (soldiers) | larko | लर्‌को |
| fill, to | (má) bharnu, | (मा) भर्नु, |
| | bharáunnu | भराउंनु |
| | pura garnu | पूरा गर्नु |
| (satisfy) | agháunnu | अघाउंनु |
| filter, to | tahakyáunnu | टह्क्याउंनु |
| filth | mail, phohar | मैल्, फोहर् |
| filthy | mailo, dhamilo | मैलो, धमीलो |

| | | |
|---|---|---|
| final | pachhillo | पछिल्लो |
| finally | antama, ákhir má | अन्तमा, आखिर मा |
| (in the end) | balla | बल्ल |
| find, to | páunnu, phelá | पाउँनु, फेला |
| | párnu | पार्नु |
| fine (noun) | danda | दण्ड |
| to | danda dinnu | दण्ड दिँनु |
| adj. (good) | rámro, assal | राम्रो, अस्सल |
| (opp. of coarse) | masino | मसीनो |
| finger | aunlá | औंला |
| finger-nail | nang | नङ |
| finish, to (complete) | siddhyáunnu, | सिद्ध्याउँनु |
| | puro garnu, | पूरो गर्नु, |
| | turnu, | टुर्नु |
| | bhuktáunnu | भुक्ताउँनु, |
| (with infin) | saknu | सक्नु |
| (cope with) | bhiyáunnu | भियाउँनु |
| to be finished | bhiyáinu, tarnu, | भियाइनु, टर्नु, |
| | samápta, sángge | समाप्त, साँङ्गे |
| | hunnu | हुंनु |
| fir tree | sallo | सल्लो |
| fire | ágo | आगो |
| fire-fly | junkiri | जुनूकीरि |
| fire-place (hearth) | agená | अगेना |
| (cooking-place) | chulá | चुला |
| fire-wood | dáurá | दाउरा |

| | | |
|---|---|---|
| first (adj.) | pahilo | पहिलो |
| (adv.) | pahile, agári | पहिले, अगाडि |
| fish | máchhá | माछा |
| to | máchhá má*n*rnu | माछा मांर्नु, |
| (with hook) | balsi khelnu | बल्सि खेल्नु |
| fisherman | máchhá má*n*rne, | माछा मांर्ने, |
| | májhi | माझि |
| fist | muthi | मुठि |
| to clench the fist | muthi párnu | मुटि पार्नु |
| fit, to (trans.) | miláu*n*nu | मिलाउंनु |
| (intr.) | milnu | मिल्नु |
| (into) | atáu*n*nu | अटाउंनु |
| (adj.) | yogya, thik | योग्य, ठीक |
| (able, suitable) | laik or láyak | लाइक्, लायक |
| fitting (right) | suwáu*n*do | सवाउंदो |
| (clothes etc.) | tamma | टम्म |
| fix, to | lagáu*n*nu | लगाउंनु |
| flag | jhandi, jhandá | झंडी, झंडा |
| (on temple) | dhajá | धजा |
| flail | dhiki | ढिकि |
| flame | jwálá | ज्वाला |
| flank | chheu, kokhà | छेउ, कोखा |
| flash, to | chamka*n*nu | चम्कंनु |
| flat (ground) | samma | सम्म |
| (things) | chepto | चेप्टो |
| flavour | swád, ras | स्वाद्, रस |
| flea | upi*n*á | उपिन्या |

| | | |
|---|---|---|
| .flee, to | bhágnu | भाग् नु |
| flesh | másu | मासु |
| fling, to | áphálnu | आफाल् नु |
| flock (birds) | bagál | बगाल् |
| (sheep etc.) | bathán | बथान् |
| flood | cháhál, bhal, | चाहाल् , भल् , |
| | jal-thal | जलथल् |
| floor | bhuin | भूईं |
| flour | pitho | पिथो |
| flourish, to (e.g. a khukri) | macháunnu | मचाउंनु |
| flow, to | bahannu, bagnu | बहंनु, बग् नु |
| flower | phul | फूल |
| fluke | akal jhukal | अकल् झुकल् |
| flute, | bánsuli | बांसुलि |
| fly | jhingá, mákha | झिङ्गा, माखा |
| to (bird) | urnu | उड़् नु |
| (escape) | bhágnu | भाग् नु |
| foam | phinj, gáj, phin | फिंज, गाज् , फीन् |
| fodder | parál, cháro | पराल, चारो |
| fog | kuiro | कुइरो |
| fold, to | dobryáunnu, | दोब्र्याउंनु, |
| | patyáunnu | पठ्याउंनु |
| follow, to (trans.) | pachhyáunnu | पछ्याउंनु |
| | pachhi lágnu | पछि लाग् नु |
| | pachhi pachhi | पछि पछि |
| | jánnu | जांनु |

| | | |
|---|---|---|
| food | kháná, khá*n*ne | खाना, खाँने |
| | thok, khá*n*ne | थोक, खाँने, |
| | kutá | कुरा |
| | áhára | आहार |
| fool | látá, murkha, | लाटा, मूर्ख, |
| | ghámar | घामड़् |
| foot (human) | khuttá, páu, | खुट्टा, पाउ, |
| | gorá | गोड़ा |
| (sole) | paitálo | पैतालो |
| foot-mark | páilo | पाइलो |
| for (prep.) | ko lági, ko | को लागि, को |
| | nimtimá | निम्तिमा |
| (because) | kinaki, kinabhane | किनकि, किनभने |
| forbid, to | thunnu, manái | थुन्नु, मनाइ |
| | garnu | गर्नु |
| force | bal, shakti, tákat | बल्, शक्ति, ताकत् |
| ford | ja*n*gár | जङ्गार् |
| to | ja*n*gár tarnu | जङ्गार् तर्नु |
| forearm | hát, háth | हात्, हाथ् |
| forehead | nidhár, kapál | निधार्, कपाल् |
| foreign | pardesi, bidesi | पर्देसी, बिदेसी |
| foreigner | pardesi • | पर्देसी |
| forest | ja*n*gal, ban | जंगल्, बन् |
| forever | sadhai*n* | सधैं |
| forget, to | birsanu, birsi*n*nu | बिर्सनु, बिर्सौनु |
| forgive, to | kshamá or máph | क्षमा or माफ् |
| | garnu | गर्नु |

| | | |
|---|---|---|
| forgiveness | kshamá, máph | क्षमा, माफ् |
| fork | ká*n*tá | कांटा |
| (of river) | bha*n*gálo | भङ्गालो |
| to ,, | bha*n*gálo phátnu | भङ्गालो फाट्नु, |
| forsake, to | chhornu, tyágnu | छोड्नु, त्याग्नु |
| fort | killá | किल्ला |
| forthwith | chhittai, jhwáttai | छिट्टै, झ्वाट्टै |
| fort-night | dui sátá | दुइ साता |
| foundation | jag | जग् |
| fowl (bird) | chará | चरा |
| (poultry) | kukhrá | कुखुरा |
| (wild fowl) | lui*n*che | लुइंचे |
| fragment | tukrá, tukro, chokto | टुक्रा, टुक्रो, चोक्टो |
| fraud | chhal, kapat, jhel thagei*n* | छल, कपट्, झेल् ठगेईं |
| (to get by) | ruthnu | रुथ्नु |
| free | nirbandh, phuko, swádhin | निर्बन्ध्, फुको, स्वाधीन् |
| (gratis) | muphtai, tyasai | मुफ्तै, त्यसै |
| to | chhori dinnu | छोड़ि दिंनु |
| (spend money freely) | dhan relnu | धन् रेल्नु |
| freeze, to | jámi*n*nu | जामींनु |
| frequently | ghari ghari, bárambár | घरि घरि, बारम्बार |
| fresh | tájá, naulo | ताजा, नौलो |
| (of meat) | álo | आलो |
| (new) | nayá | नया |

| | | |
|---|---|---|
| Friday | sukabar, sukrabar | सुकबार, सुक्रबार |
| friend | sáthi, sa*n*gi, mitra | साथी, संकी, मित्र |
| frighten, to | tarsáu*n*nu | तर्साउंनु |
| frightful | darlágdo | डर् लाग्दो |
| frog | bhyáguto | भ्यागुतो |
| from | báta, dekhi | बाट, देखि |
| frontier | simáná, sá*n*d | सिमाना, सांद् |
| frost | tusáro | तुसारो |
| frown, to | ghurka*n*nu | घुर्कनु |
| fruit (vegetable) | phal | फल् |
| (profit) | náphá | नाफा |
| (effect) | phal, nikás | फल्, निकास् |
| fry, to | bhutnu | भुट्नु |
| frying-pan | tápke, táwá | ताप्के, तावा |
| fuel (wood) | dáurá | दाउरा |
| full | bhareko, puro, bhari | भर्येको, पूरो, भरि |
| fun | thattá | ठट्टा |
| funeral | malámi | मलामि |
| funny | thateuli | ठटेउलि |
| furlough | rajá | रजा |
| furnace | bhatti | भट्टी |
| furniture | álmál | आल् माल् |
| further | pallo | पल्लो |
| (moreover) | upránta | उप्रान्त |
| future (adj.) | áu*n*ne | आउंने |
| fye ! | chhichhi | छीछी |

G

| | | |
|---|---|---|
| gain | náphá, kamái | नाफा, कमाई, |
| | phal | फल् |
| gale | batás, ándhi | बतास, आंधी |
| gamble, to | juwá khelnu | जुवा, खेल् नु |
| | báji or hor thápnu | बाजि or होड़् थाप् नु |
| game | khel | खेल् |
| (of hunting) | sikár | सिकार् |
| gang | gatthá | गट्ठा |
| gaol | jhelkhána, kaidi | झेल्खान, कैदि |
| | ghar | घर् |
| garden | kothebári, bári, | कोठेबारी, बारी, |
| | baghainchá, | बघैंचा |
| | phulbári, ságbári | फुल्बारी, साग् बारी |
| gardener | máli | माली |
| gargle, to | kullá garnu | कुल्ला गर्नु |
| garlic | lasun | लसुन |
| garrison | addá | अड्डा |
| gas | báph, gyás | बाफ्, ग्यास् |
| gasp. to (pant) | dhakáunnu | धकाउनु |
| gate | phátak, dhoká | फाटक्, ढोका |
| gather, to | batulnu, jammá | बटुल्नु, जम्मा |
| | garnu | गर्नु |
| (people) | bhelá garáunnu | भेला गराउंनु |
| general (army) | senápati | सेनापति |
| gentle | sushil. naram | सुशोल्, नरम् |

| | | |
|---|---|---|
| get, to | páunnu | पाउंनु |
| (earn etc.) | kamáunnu | कमाउंनु |
| ghee | ghiu | घीउ |
| ghost (spirit) | bhut | भूत् |
| (soul) | pràn, átmá | प्राण् , आत्मा |
| giddiness | ringatá | रिङ्टा |
| gift | dán | दान् |
| (bribe) | ghus | घूस् |
| ginger | aduwá | अदुवा |
| girl | keti | केटी |
| (unmarried) | kannye | कन्ये |
| give, to | dinnu | दिंनु |
| (handover) | sompanu | सोम्पनु |
| glad | khushi, ramáhate | खुशि, रमाहते |
| gladness | harsha or harkha | हर्ष |
| | khush, ramáhat | खुश, रमाहत् |
| glass (looking glass) | ainná, darpan | ऐंना, दर्पण |
| glossy | chillo | चिल्लो |
| glove | dastáná | दस्ताना |
| glowworm | junkiri | जुन्कीरि |
| glue | lassá, lei | लस्सा, लेह |
| glutton | agasti, aghasti | अगस्ती, अघस्ती |
| go, to | jánnu, hinrnu, | जांनु, हिंड् नु, |
| | hinnu | हिंनु |
| goat | bákhrá | बाखा |
| God | Ishwar, | ईश्वर्, |
| | Parmeshwar, | पर् मेश्वर् |
| | Bhagwán | भग् वान् |

| | | |
|---|---|---|
| god | deutá, | देउता |
| goddess | dewi | देवी |
| gold | sun | सुन् |
| goldsmith | sunár | सुनार् |
| gong | ghantá | घन्टा |
| gonorrhoea | suják | सुजाक |
| good | rámro, játi, assal | राम्रो, जाति, अस्सल |
| (moral) | bhalo | भलो |
| goose flesh (cold) | jiri*n*g | जिरिङ् |
| (fear) | juru*n*ga | जुरुङ्ग |
| gossip | gapphá | गप्फा |
| governor | hákim | हाकिम |
| grain (corn) | dáná, gera, anna | दाना, गेड़ा, अन्न |
| (of wood) | meso | मेसो |
| grand | thulo, bará | ठूलो, बड़ा |
| grandson | náti | नाती |
| daughter | nàtini | नातिनी |
| grandfather | báje, barájyu | बाजे, बराज्यु |
| mother | bajei | बजेइ |
| grape | a*n*ggur | अङ्गुर् |
| grass | ghá*n*s | घांस् |
| gratis | tyesai, muphat | त्यसै, मुफत् |
| grave, | chihá'n | चिहान् |
| (adj.) | gambhir | गंभीर |
| gravel | rorá | रोड़ा |
| graze, to (intr.) | charnu | चर्नु |
| (trans) | charáu*n*nu | चराउंनु |
| (of skin) | khiski*n*nu | खिस्कींनु |

| | | |
|---|---|---|
| grease | boso | बोंसो |
| great | thulo | ठूलो |
| great-grandson | panáti | पनाती |
| „ „ daughter | panátini | पनातिनी |
| „ „ father | jiju | जिजु |
| greedy | lobhi, lálchi | लोभी, लाल्ची |
| | agasti, aghasti | अगस्ती, अघस्ती |
| green | hariyo | हरीयो, हरियो |
| grey | phusro | फुस्रो |
| grey haired | kes phulyeko | केस फुल्येको |
| grief | dukha, shok | दुख, शोक् |
| grievance | surta | सुर्ता |
| grieve, to (intr.) | surtáu*n*nu | सुर्ताउंनु |
| | udás hu*n*nu | उदास हुंनु |
| | biláp garnu | बिलाप गर्नु |
| grind, to | pi*n*dhnu, pinnu | पिंध्नु, पिंन्नु |
| grinding | dalái | दलाइ |
| grindstone (for grain) | já*n*to | जांतो |
| (for tools) | sán | सान |
| groin | girkhá | गिर्खा |
| groom, to | malnu | मल्नु |
| ground | bhui*n* | भुइं |
| group | thupro, gatthá | थुप्रो, गट्ठा |
| grow, to | barhnu, umra*n*nu | बढ्नु, उम्रंनु |
| grudge, a | dàgà | दागा |
| to bear a | dàgá rákhnu | दागा राख्नु |
| grumble, to | gauganáu*n*nu | गनूगनाउंनु |

| | | |
|---|---|---|
| guard to | rakhshá garnu, | रक्षा गर्नु |
| | (hon=to remain) | |
| guess, to (hazard a guess | (ko) arkal garnu | (को) अड़्कल् गर्नु |
| | (ko) anejá garnu | (को) अनेजा गर्नु |
| | andáj garnu | अन्दाज गर्नु |
| guest a (invited) | nimtyáro, | निम्त्यारो, |
| (self-invited) | páhuna (pálnu) | पाहुन, (पाल्नु) |
| guide a | aguwa, bato | अगुवा, बाटो, |
| | dekhàunne | देखाउने |
| guilty | doshi, dosi | दोषी, दोसि |
| gulp down, to | nilnu | निल्नु |
| gum (for sticking) | chop | चोप् |
| gun | banduk | बन्दुक् |
| gutter (of roof) | donr | डोंड़् |
| (on ground) | kulo, nàli | कुलो, नाली |

**H**

| | | |
|---|---|---|
| habit | bàni, riti, behorà | बानि, रीती, बेहोरा |
| hail | asinà | असीना |
| to | asinà parnu | असीना पर्नु |
| hail, to (call) | dáknu, hàpárnu | डाक्नु, हापार्नु |
| hair (of body, fur) | raun, rom | रौं, रोम् |
| (human head) | kes, bàl | केस्, बाल् |
| (moustache) | jungà | जुङ्गा |
| (Hindu "top-knot") | tupi | टुपी |
| half | àdhà | आधा |

| | | |
|---|---|---|
| halt, to | ari*n*nu, basnu, | अड़ीँनु, बस्नु, |
| | raha*n*nu | रहंनु |
| | bisàu*n*nu, ubhi*n*nu | बिसाउंनु, उभिंनु, |
| | ubhii raha*n*nu | उभिइ रहंनु |
| halt, a(rest, pause) | bisà | बिसा |
| hammer (large e.g.) | ghan | घन |
| sledge hammer, | | |
| (ordinary) | mártol | मार्तोल |
| (small) | bhá*n*ri, hatoro | भाड़ि, हतोड़ो |
| (of gun) | (banduk ko) | (बन्दुक को) |
| | ghorá | घोड़ा |
| hand | hàt, hàth | हात, हाथ |
| handcuff | hàthkari | हात्कड़ि |
| handful | muthi | मुठि |
| handkerchief | rumàl | रुमाल् |
| handle | be*n*r (of khukri | बेंड़् |
| | etc.) bi*n*r | बिड़ँ |
| handmill | jà*n*to | जांतो |
| hang, to (intr.) | jhundinu | झुण्डिनु |
| (tr.) | jhundyàu*n*nu | झुण्ड्याउंनु |
| | tangnu (also | टाङ्नु or |
| | pitch a tent) | टांग्नु |
| to get the hang of | melo-meso pàu*n*nu | मेलो-मेसो पाउंनु |
| happen, to | ái lágnu, hu*n*nu | आइ लाग्नु, हुंनु |
| happily | khushi sita | खुशि सित |
| happiness | sukha, ànanda | सुख, आनन्द |

| | | |
|---|---|---|
| happy | khushi, sukhi, | खुशि, सुखि, |
| | ánandit | आनन्दित् |
| hard | sáro, kathin, | सारो, कठिन्, |
| | apthàro | अप्ठाड़ो |
| (unpleasant) | gàro | गारो |
| hardship | kashta, dukha | कष्ट, दुख |
| harlot | beshye, kasmi, | बेश्ये, कस्मी, |
| | páthar | पाथर |
| harm | háni, nás, noksán | हानि, नास, नोक्सान् |
| harvest | katani, báli | कटनि, बालि |
| haste | hatàr | हतार्, |
| hasten, to (intr.) | hatàr garnu | हतार् गर्नु |
| hastily | hatàr hatàr | हतार् हतार् |
| hat | topi | टोपी |
| hatchet | bancharo | बंचरो |
| hate | ghin, ikh, dàhà | घिन्, इष्, डाहा |
| to | ghináunnu | घिनाउंनु |
| | (dekhi) dàhà | (देखि) डाहा |
| | garnu | गर्नु |
| have, to | ko hunnu | को हुंनु |
| | sita hunnu | सित हुंनु |
| haversack | jholá | झोला |
| havoc | nás, bigár | नास्, बिगार् |
| hawk | báj | बाज् |
| hay | banso, sukyo gháns | बनूसो, सुक्यो घांस् |
| haze (heat) | tunwàlo | तुंवालो, |
| (fog or mist) | kuiro | कुइरो |

| | | |
|---|---|---|
| head | kapál, táuko, munto | कपाल, टाउको, मुण्टो |
| headman | mukhiyà | मुखिया |
| heal, to | niko páinu | निको पाउनु |
| healthy | játi | जाति, |
| (plant) | sapreko | सप्रेको |
| heap | thupro, | थुप्रो |
| (of grain) | rás | रास् |
| hear, to | sunnu | सुन्नु |
| heart (of body) | mutu | मुटु |
| to take heart (cheer up) | dhirje rákhnu | |
| (metaphor) | man | मन् |
| (cards) | pàn | पान् |
| heat | garmi | गर्मी |
| (of sun) | ráp | राप् |
| to | tato párnu, seknu | तातो पार्नु, सेक्नु |
| heatrash (prickly heat) | ghamaurá | घमौरा |
| heavy (bulky) | bhàri, garuko, garaun | भारि, गरुको, गरौं |
| hedge | bár | बार् |
| hedge-hog | dumsi musá | दुम्सि-मुसा |
| heel | kurkucho | कुर्कुचो, |
| heir | adhikári, anshe | अधिकारी, अंशे |
| help | gohár, upakàr | गोहार्, उपकार |
| to | gohár dinnu, sagáunnu | गोहार् दिनु, सगाउनु |

| | | |
|---|---|---|
| helpless | láchàr | लाचार, |
| hen | pothi | पोथी |
| herb | sákpát, jhàrpàt | साक् पात्, झार् पात |
| (medicinal) | jari buti | जरि बुटी, |
| herd | bagál, bathàn | बगाल बथान |
| herdsman | gothálà | गोठाला |
| here (static) | yahan | यहां |
| (hither) | yetá | येता |
| hero | surbir, máhábir | सूर्बीर् , माहबीर, |
| | bir | बीर |
| heron | bakulà | बकुला |
| hesitating (in two minds) | dui-sure | दुइ-सुरे |
| hiccough | baruli | बड़ुलि |
| to | baruli lágnu | बड़ुलि लाग् नु |
| hide (skin of animal) | chhálá | छाला |
| to (tr.) | lukáunnu, | लुकाउंनु, |
| | chhopnu, dháknu | छोप् नु, ढाक्नु |
| (intr.) | luknu | लुक्नु |
| hidden | lukeko | लुकेको, |
| " (secret) | gupta | गुप्त |
| high | algo, uncho | अल्गो, ऊंचो |
| highlands | lekh | लेख् |
| (The Hills) | pahár | पहाड़ |
| hill (foot hill) | danra | डांड़ा, |
| (high ridge) | lekh | लेख् |
| (high, mountainous) | parbat | पर्बत् |
| (bottom of) | phedi, kachhár | फेदि, कछार् |
| (slope) | pákhá | पाखा |
| (precipitous slope) | pákhá-pakhero | पाखा-पखेरो |

| | | |
|---|---|---|
| hinder, to | thunnu, arkáunnu | थुन्नु, अड़् काउंनु |
| | chheknu | छेक् नु |
| hinge | kabjá | कब्जा |
| hint | sán | सान् |
| hip (buttocks) | chák | चाक् |
| hire (noun) | jyálá, bani | ज्याला बनि |
| to | jyálá láunnu | ज्याला लाउंनु |
| hit, to | hirkáunnu, pitnu, | हिर्काउंनु, पीट् नु, |
| | hánnu | हान्नु |
| hither | yetá | येता |
| & thither | yetá uta | येता उता |
| hoarse | dhodre, | धोद्रे, |
| | ghánsiyeko | घांसीयेको |
| hog | sungur | सुंगुर् |
| hold, to | samátnu, | समात् नु, |
| | samáunu, thámnu | समाउंनु, थाम्नु |
| (keep) | rákhnu | राख् नु |
| hole (natural, animals) | dulo | दुलो |
| (made) | chhenr, pwál | छेंड़् , प्वाल |
| (inground) | kháral | खाड़ल |
| holiday | chhutti | छुट्टि |
| hollow (noun) | khálto | खाल्टो |
| (in tree) | torká | टोड़् का |
| (adj.) | kháli, khokro | खालि, खोक्रो |
| holy | pawitra | पवित्र |
| (ceremonially pure) | chokho | चोखो |
| home | ghar, gáun-ghar | घर, गाउँ-घर् |

| | | |
|---|---|---|
| honest | sojo, kharo, sudho | सोजो, खरो, सुधो |
| honey | maha | मह |
| (comb) | mauriko cháká | मौरीको चाका |
| honour | mán, baráin | मान् , बड़ाई |
| to | mánmanito garnu | मान् मनीतो गर्नु |
| hoof | khur | खूर् |
| (horse's) | sum, táp | सुम्, टाप् |
| hook | ángkuse | आङ्कुसे |
| (fish) | balsi | बल्सि |
| (by hook or by crook) | kunai yukti le | कुनै युक्तिले |
| hop, to | ek khuttále | एक् खुट्टाले |
| | uphranu | उफ्रनु |
| hope | ásrá, ásá | आस्रा, आसा |
| horn | sing | सिङ |
| horrible } | darlágdo | डर् लाग्दो |
| horrid } | ginlágdo | घिन् लाग्दो |
| horse | ghorá | घोड़ा |
| horsefly | dáns | डांस् |
| horseshoe | nál | नाल् |
| hot (water) | táto | तातो |
| (day) | niyáno, aul, áwal | नियानो, औल् , आवल् |
| (curry) | piro | पिरो |
| hour | ghanta | घन्टा |
| house | ghar | घर् |
| how (manner) | kasari | कसरि |
| (much) | kati | कति |
| however | taraipani | तरैपनि |

| | | |
|---|---|---|
| humble | din, malim | दीन् , मलीम् |
| hump-backed | kupre | कुप्रे |
| hunger | bhok | भोक |
| hungry, to be | (lai) bhok lágnu | (...लाइ) भोक लाग्नु |
| hunt | shikár | शिकार |
| to (intr.) | shikar khelnu | शिकार खेल्नु |
| (tr.) | (ko) shikár garnu | (को) शिकार गर्नु |
| hurricane | thulo ándhi, | ठूलो आंधि, |
| | ándhiko jhonk | आंधिको, झोंक |
| hurry | határ | हतार |
| to | határ garnu | हतार गर्नु |
| hurt | chot, gháu | चोट् , घाउ |
| to (tr) | chot párnu | चोट् पार्नु |
| husband | logne | लोग्ने |
| husk (grain) | bhus | भूस |
| (outside) | bokrá | बोक्रा |
| hussif | básá | बासा |
| hut | jhupro | झुप्रो |

**I**

| | | |
|---|---|---|
| I (person) | mau | मं |
| ice | hinu | हिंउ |
| (also frost) | tusáro | तुसारो |
| idea | bichár | बिचार |
| idiot | látá, murkha, | लाटा, मूर्ख, |
| | ghámar | घामड् |
| idle (lazy) | alchhe | अल्छे |
| idleness | alchhi | अल्छि |

| | | |
|---|---|---|
| idol | murti | मूर्ति |
| if | ......bhane | भने |
| ignorant | murkha, ghámar | मूर्ख, घामड़ |
| ill | birámi, rogi | बिरामी, रोगि |
| illenss | bethá, rog | बेथा, रोग |
| imagination | kalpaná, bichár | कल्पना, बिचार |
| imitate, to | siko garnu | सिको गर्नु |
| imitation | siko | सिको |
| immediately | turantai, | तुरन्तै, |
| | uttinaikhera | उत्तिनैखेर |
| | jhwáttai | झ्वाट्टै |
| immoral | pápi, adharmmi | पापी, अधर्म्मी |
| impertinence | gustáki, dhitein | गुस्ताकि, ढीटेईं |
| impliment | hatiyár | हतियार |
| important | thulo, mánko | ठूलो, मान्को |
| impossible | asádhye | असाध्ये |
| improve, to (trans) | sudhárnu, játi | सुधार्नु, जाति |
| | párnu | पार्नु |
| (intr.) | játi hunnu | जाति हुंनु |
| in | má | मा |
| inattention | achet | अचेत् |
| inattentive | man na láunne | मन् न लाउंने |
| incest | pátak | पातक |
| incestuous | hár phora | हाड़् फोरा |
| income | ámdani, kamáin | आम्दनी, कमाईं |
| incorrect | na thik, galti ko | न ठीक्, गल्ति को |
| increase | barthi, phal | बढ़ति, फल |

| | | |
|---|---|---|
| Indian file | tá*n*t | तांत् |
| indigestion | apach | अपच् |
| infant | náni | नानी |
| infect, to | bethá sárnu | बेथा सार्नु |
| infectious | saruwá, sarne, lágne | सरुवा, सर्ने लाग्ने |
| inflamed, to be | sujnu | सुज्नु |
| infold, to | behernu | बेहेर्नु |
| information | khabar, thábá pattá | खबर, थाहा, पत्ता |
| ingratitude | auguni | औगुणि |
| inhabit, to | (má) basnu, (má) bás garnu | (मा) बस्नु, (मा) बास गर्नु |
| inject, to (vaccinate) | khopáu*n*nu, siyo hálnu | खोपाउंनु, सियो हाल्नु |
| (innoculate) | bhed garnu | भेद् गर्नु |
| ink | masi, siyái | मसी, सियाई |
| inn | pauwá, dharmmshálá, bhatti | पौवा, धर्म्म्शाला, भट्टि |
| innkeeper | bhattiwál | भट्टिवाल् |
| innocent | nirdoshi. | निर्दोषी |
| innoculate, to | khopáu*n*nu, bhed garnu | खोपाउंनु, भेद् गर्नु |
| inquire, to | sodhnu, sodhpuchh garnu | सोध्नु, सोध् पूछ् गर्नु |
| inquiry | sodh-puchh | सोध् पूछ् |

| | | |
|---|---|---|
| insect | kirá | कीरा |
| inside | bhitra | भित्र |
| insist, to | dhipi láunnu | ढिपि लाउंनु |
| inspect, to | jánchnu, hernu | जांच्नु, हेर्नु |
| instead of | (ko) tháunmá, | (को) ठाउंमा, |
| | (ko) badalámá | (को) बदलामा |
| insufficient | apugye, kam | अपुग्ये, कम् |
| intelligent | gyáni, chalák | ज्ञानि, चलाक् |
| intend, to | man garnu, thánnu | मन् गर्नु, ठान्नु |
| interest (on money) | byáj, sud, náphá | ब्याज, सुद, नाफा |
| interesting | manpardo | मन् पर्दो |
| invade, to | (mathi) ái lágnu | (माथि) आई लाग्नु |
| invent, to | rachnu | रच्नु |
| invitation (to meal) | nimto | निम्तो |
| invite, to „ „ | nimto dinnu | निम्तो दिंनु |
| iron | phalám, lohá | फलाम्, लोहा |
| iron, to (tr.)(of clothes) | (ko) istri | (को) इस्त्रि |
| | lagáunnu, or | लगाउंनु or |
| | garnu | गर्नु |
| ironsmith | kámi, lohár | कामी लोहार् |
| irrigate, to | bhijáunnu | भजाउंनु |
| | (ma) páni láunnu | (मा) पानी लाउंनु |
| island | tápu | टापू |
| it | tyo | त्यो |
| itch | luto | लुतो |
| to | chiláunnu | चिलाउंनु |
| ivory | háttidánt | हात्तिदांत् |

## J

| | | |
|---|---|---|
| jackal | syál | स्याल् |
| January (Jan 15 Feb 15) | mágh | माघ् |
| jar | gágro, bhá*n*ro, ghará | गाग्रो, भांड़ो, घड़ा |
| jaundice | hartál ko bethá | हर्ताल को बेथा |
| jaw (also molar tooth) | ba*n*gáro | बङ्गारो |
| jest | thattá, ha*n*seuli | ठट्टा, हंसेउलि |
| jewel | mani, gahaná | मणि, गहना |
| join, to | jornu, miláu*n*nu | जोर्नु, मिलाउंनु |
| (stick together) | tá*n*snu, gá*n*snu | टांस्नु, गांस्नु |
| journey | játrá, yátrá | जात्रा, यात्रा |
| joy | ánanda, harka, harsha | आनन्द, हर्क, हर्ष |
| judge, a | nisáphi, nisápi | निसाफी, निसापी |
| to | nisáph or nisáp garnu | निसाफ or निसाप गर्नु |
| (test) | já*n*chnu, bichár garnu | जांच्नु, बिचार् गर्नु |
| juice | ras | रस |
| July (July 15 Aug.14) | sáhun, sáwan | साहुन, सावन |
| jump, to (up) | uphranu | उफ्रनु |
| (over) | phál hánnu | फाल् हान्नु |
| (across, over) | ná*n*ghnu | नांघ्नु |
| junction (of rivers) | dobhán | दोभान् |
| June (June 15 July 14) | asár | असार् |
| jungle | ja*n*gal, ban | जंगल्, बन् |

| | | |
|---|---|---|
| just * (adj.) | sáncho, niyálo, | सांचो, नियालो, |
| | sidho, sudho | सिधो, सुधो |
| (adv. just now) | bharkhar | भर्खर |

**K**

| | | |
|---|---|---|
| keen | tej, tejilo, lágne | तेज, तेजीलो, लाग्ने |
| keep, to | rákhnu | राख्नु |
| (maintain) | pálnu | पाल्नु |
| (one's word) | satya ràkhnu | सत्य राख्नु |
| kernel | gudhi, gudi | गुधि, गुदि |
| kerosine | mattiko tel | मट्टीको तेल |
| key | tálchá, chábi | ताल्चा, चाबी |
| khukri | khukri | खुक्रि |
| kick, to | lát (le) hannu | लात् (ले) हान्नु |
| kid | bákhráko pátho | बाख्राको पाठो |
| kidney | mirgaulo | मिर्गौलो |
| kill, to | márnu | मार्नु |
| (sacrifice) | bali garnu | बलि गर्नु |
| kiln | bhatti | भट्टी |
| kind (noun) | ját, kisim, prakár | जात्, किसिम, प्रकार, |
| | thari, náse, khàl | थरि, नासे खाल् |
| (adj.) | kirpálu, dayálu, | कृपालु, दयालु, |
| | bhalo | भलो |
| kindly | kripágari | कृपागरि |
| kindness | dáya, kripá, | दया, कृपा, |
| | anugrah | अनुग्रह् |
| king | rájá (cards) bása | राजा, बास |
| kinship | sáinu | साइनु |

| | | |
|---|---|---|
| kit | sárdám, samán | सार्दाम्, समान्' |
| kitchen | bhánsághar | भान्साधर् |
| kite (bird) | chil | चील |
| knapsack | námjo, jholá | नाम्जो, झोला |
| knave (rascal) | thág, kapti | ठग्, कप्टी |
| (cards) | gulám | गुलाम् |
| knead, to | muchhnu | मुछ्नु |
| knee | ghunrá | घुंड़ा |
| kneecap | pángrá | पाङ्रा |
| kneel, to | ghunrá teknu | घुंड़ा टेक्नु |
| knife (pen) | cháku | चाकु |
| (ordinary) | chhuri | छुरी |
| (small on khukri) | karda | कर्द |
| knit, to | bunnu | बुन्नु |
| knock, to (strike) | hirkáunnu | हिर्काउंनु |
| (ball etc.) | hánnu | हान्नु |
| (down a person) | lotáunnu, | लोटाउंनु, |
| | laráunnu | लड़ाउंनु, |
| (down, building) | bhatkáunnu | भत्काउंनु |
| (on a door) | ghach-ghachyáunnu | घच-घच्याउंनु |
| knot | gántho, surkaná | गांठो, सुर्कना |
| know, to | jannu | जान्नु |
| (understand) | bujhnu, | बुझ्नु, |
| | samjhanu | सम्झंनु |
| (recognise) | chinnu | चिन्नु |

| | | |
|---|---|---|
| (have knowledge about) | tháha páu*n*nu | थाहा, पाउंनु |
| (realise) | chál pau*n*nu | चाल पाउंनु |
| (how to do) | dornu | डोर्नु |
| knowingly | já*n*ni já*n*nikana | जांनिजांनिकन |
| knowledge (wisdom) | buddhi, gyán | बुद्धि, ज्ञान् |
| (learning) | bidyà | बिद्या |
| (skill) | sip | सिप् |
| (information) | tháhá, chál | थाहा, चाल् |
| knuckle | au*n*lá ko gá*n*tho | औंलाको गांठो |
| **L** | | |
| labour (work) | kám, káj, lantha | काम्, काज्, लण्ठा |
| (effort) | mihinát, phikri | मिहींनत्, फिक्रि |
| (household) | dhandá | धन्दा |
| „ to | kám garnu, | काम गर्नु, |
| | mihinnat garnu | मिहींनत् गर्नु |
| lace (shoe) | dori, phità, tasmà | डोरी, फिता, तस्मा |
| ladder (wooden) | lisnu, si*n*rhi | लिस्नु, सिंढ़ि |
| (stairs, steps-stone) | bharyá*n*g | भरयाङ |
| lake | jhil, pokhari, tál | झील, पोखरि, ताल् |
| lame | khorande, langro | खोरण्डे, लङ्ग्रो |
| lament, to | biláp garnu | बिलाप् गर्नु |
| lamentation | biláp | बिलाप् |
| lamp | batti | बत्ती |
| (small earthen ware) | diyo | दियो |

| | | |
|---|---|---|
| land (opposite of sea) | jamin, bhui*n* | जमिन्, भुइं |
| (estate, field) | jaggá | जग्गा |
| (on slope of hill) | pákhá | पाखा |
| (country) | desh | देश |
| landslip (also diarrhoea) | pairo | पैरो |
| lane | galli | गल्लि |
| language | kurá, bháshà | कुरा, भाषा |
| languid | lote | लोते |
| lantern | laltin, hát batti | लाल्टिन्, हात् बत्ती |
| lap | polto, god, kákh | पोल्टो, गोद्, काख् |
| large | thulo, baro | ठूलो, बड़ो |
| (extensive) | pharák | फराक् |
| last | pachhillo, ákhiri | पछिल्लो, आखिरि |
| to (endure) | khapnu, raha*n*nu | खप्नु, रहंनु |
| lasting (good wearing) | khapuwá | खपुवा |
| late | dhilo, aber, abelá | ढीलो, अबेर्, अबेला |
| later | bhare, pachhi | भरे, पछि |
| lately (present day) | áju bholi, hálko | आजु भोली, हाल्को |
| laugh, to | há*n*snu | हांस्नु |
| at (mock) | khisi garnu, | खिसि गर्नु |
| | khisyáu*n*nu, | खिस्याउंनु, |
| | gijyáu*n*nu | गिज्याउंनु |
| law | ain, niyam | ऐन्, नियम् |
| lawsuit | phirát | फिरात् |
| lay, to (eggs) | phul pàrnu | फुल पार्नु |
| lazy | alchhe | अल्छे |
| lead (metal) | sisá | सीसा |

| | | |
|---|---|---|
| lead, to | doryáu*n*nu | डोर्याउंनु |
| leader | aguwa, agaute | अगुवा, अगौटे |
| leaf (tree) | pát | पात्, |
| (book) | patra | पत्र |
| leafless | sikre | सिक्रे |
| leak, to (through) | chuhu*n*nu | चुहुंनु |
| (out)(intr.) | rasi*n*nu | रसिंनु |
| lean (thin) | dublo | दुब्लो |
| lean, to (back, rest on) | ares lágnu | अड़ेस्, लाग्नु |
| (over, down) | dhalka*n*nu | ढल्कंनु |
| (bend, stoop) | niura*n*nu | निउरंनु |
| (bend down) | jhuknu | झुक्नु |
| leap, to (over) | phál hánnu, | फाल् हान्नु, |
| | ná*n*ghnu | नांघ् नु |
| (up) | uphranu | उफ्रनु |
| learn, to | siknu | सिक् नु |
| (get knowledge of) | tháhá páu*n*nu | थाहा पाउंनु |
| least, at | kamko kam | कम्को कम् |
| leather | chhálá | छाला |
| leave | chhutti, | छुट्टी, |
| (furlough) | rajá | रजा |
| leave, to | chhornu, chhori | छोड़ नु, छोड़ि |
| | ràkhnu | राख् नु |
| (desert) | tyàgnu | त्याग् नु |
| (in the lurch) | bicha pàrnu | बिच पार्नु |
| left | debre, báu*n*, báyá*n* | देब्रे, बाउं, बायां |

| | | |
|---|---|---|
| leg | khuttá, tá*n*g | खुट्टा, टाङ |
| (above knee)(i)(man) | tikhro or tighro | तिख्रो, तिघ्रो |
| (ii)(animal) | sá*n*pro | सांप्रो, |
| (below knee, shin) | pá*n*sulo | पाँसुलो |
| (calf) | chhepari | छेपारि |
| leisure | phursat | फुर्सत् |
| lemon | nimbu | निंबु, |
| (large) | nibuwá | निबुवा |
| (small lime) | kágati | कागति |
| lend, to | rin di*n*nu | रिन् दिंनु |
| | pai*n*cho di*n*nu | पैंचो दिंनु |
| | udháro di*n*nu | उधारो दिंनु |
| length | lamti, lamài | लम्ति, लमाइ |
| lentil | dál | दाल् |
| leopard | chituwà | चितुवा |
| leper | kori | कोड़ि |
| leprosy | kor | कोड़ |
| less | kamti | कम्ति |
| lessen, to (intr.) | ghatnu | घट्नु |
| (tr.) | ghatáu*n*nu | घटाउंनु |
| lesson | páth, shikshá, arthi | पाठ्, शिक्षा, अर्थि |
| let, to (allow) | Infin+di*n*nu | ...दिंनु |
| letter (of alphabet) | akshar | अक्षर् |
| (post) | chitthi | चिट्ठी |
| level (of ground) | samma | सम्म |
| (flat, e.g. table) | chepto | चेप्टो |

| | | |
|---|---|---|
| liar | jhutho, dhántne | झुठो, ढांट्ने |
| lice | jumro | जुम्रो |
| lick, to | chátnu | चाट्नु |
| lid | dhakaná, dhakani, | ढकना, ढकनि, |
| (stopper) | birko | बिर्को |
| lie, a | dhánt, jhuth | ढांट्, झूठ् |
| to | dhántnu, jhuth bolnu | ढांट्नु, झूठ् बोल्नु |
| (down) | sutnu, dhalkanu, pasnínu, letnu | सुत्नु, ढल्कनु, पल्टीनु, लेट्नु |
| life (principle) | prán, sás | प्राण, सास् |
| (manner of) | áyu, cholá, jiwan | आयु, चोला, जीवन् |
| lifeless | nirjiu, mareko jasto | निर्जीउ, मरेको जस्तो |
| lift, to | uchálnu, utháunnu | उचाल्नु, उठाउंनु |
| (pick up) | tipnu | टिप्नु |
| light | jyoti, ujyálo | ज्योति, उज्यालो |
| (lamp) | batti | बत्ती |
| (not heavy) | halungo | हलुङ्गो |
| (colour) | madhuro | मधूरो |
| (e.g. of tea) | phiko | फिको |
| to (tr.) | bálnu, jaláunnu salkáunnu | बाल्नु, जलाउंनु सल्काउंनु |
| (intr.) | balnu, jalnu | बल्नु, जल्नु |
| lightning | bijuli | बिजुलि |

| | | |
|---|---|---|
| like | jasto, jhai*n*, | जस्तो, झैं, |
| to | ruchnu, jàti | रुचनु, जाति |
| | làgnu (dat. of sub) | लाग्‌ नु, |
| | rucháu*n*nu, man | रुचाउंनु, मन्‌ |
| | parnu | पर्नु |
| likeness | rup, anuwár | रूप, अनुवार |
| limb | a*n*ga | अंग |
| lime | chuna | चुन |
| limp (adj.) | lulo, lote | लुलो, लोते |
| to | khuchyáng | खुच्याङ |
| | khuchyáng hinnu | खुच्याङ हिन्नु |
| line (on paper) | lakir, rekhà | लकीर्‌ , रेखा |
| liniment | málne okhati | मल्‌ने ओखति |
| linseed | alsi | अल्‌सी |
| lip | o*n*th | ओंठ्‌ |
| list | khesri, taphsil | खेस्री, तफ्‌सिल |
| listen, to | sunnu, dhyán | सुन्नु, ध्यान्‌ |
| | di*n*nu | दिंनु |
| | kán thápnu | कान्‌ थाप्‌ नु |
| little (adj.) | sàno, chhoto | सानु, छोटो |
| n. | alikatá . | अलिकता |
| live, to (dwell) | basnu, raha*n*nu | बस्‌ नु, रहंनु |
| (be alive) | jiu*n*nu | जीउंनु |
| liver | kalejo | कलेजो |
| living | jiu*n*do | जीउंदो |
| lizard | chhepáro | छेपारो |

| | | |
|---|---|---|
| load,* n. | bhár, bojhá, | भार्, बोझा, |
| | kumlo | कुम्लो |
| to | ládnu, má hálnu | लाद्नु, मा, हाल्नु |
| loaf about, to | dauntárinnu | दौंटारिंनु |
| loan | rin, paincho | रीण, पैंचो |
| lobe (of ear) | kán ko loti | कान् को लोति |
| lock | tálá, tálchá | ताला, ताल्चा |
| loaf about, to | dauntarinnu | दौंटारिंनु |
| lock, to | tálá lagáunnu | ताला लगाउंनु |
| locust | salaha, salau | सलह, सलौ |
| log | munrho | मूंढ़ो |
| loincloth | langothi, dhoti | लंगोठी, धोति |
| loins | chutar, kammar | चूतड़, कम्मर |
| lonely | eklai | एक्लै |
| (of places) | sunne | सुन्ने |
| long | lámo | लामो |
| look (appearance) | rup, anuwár | रूप अनुवार् |
| to (at) | hernu | हेर्नु |
| (seem) | dekhinnu | देखींनु |
| (for) | khojnu | खोज्नु |
| (after) | pálnu | पाल्नु |
| looking-glass | ainná | ऐंना |
| loop (in road etc.) | ghumti | घुम्ति |
| loose (adj.) | khukulo, dhilo, | खुकुलो, ढीलो |
| | phuko | फुको |
| to (let go) | phukáunnu | फुकाउंनु |
| (set free) | chhornu | छोड्नु |

| | | |
|---|---|---|
| lose, to | haráunnu, | हराउंनु, |
| | gumáunnu | गुमाउंनु |
| loss | háni, nás, noksán | हानि, नास्, नोक्सान् |
| loud | charko | चर्को |
| louse | jumrá | जुम्रा |
| love | máyá, prem, priti | माया, प्रेम, प्रीति |
| low (adv.) | tala, undho | टल, उन्धो |
| (adj.) | honcho | होंचो |
| (lowly) | nich | नीच |
| louring | dhamilo | धमीलो |
| luck | bhág | भाग |
| lucky | bhágemán | भागेमान् |
| lukewarm | mantáto | मन् तातो |
| lump | dallo | डल्लो |
| lung | phokso | फोक् सो |
| **M** | | |
| mad | bauláhá, jhallá | बौलाहा, झल्ला |
| maiden | keti, kannye | केटी, कन्न्ये |
| (servant) | kamári, dási | कमारी, दासी |
| main (adj.) | mul, mukhiya | मुल्, मुखिया |
| (special) | khás | खास् |
| maize | makai | मकै |
| majority | dherjaso, thulo | धेर् जसो, ठूलो |
| | bhág | भाग |
| make, to | banáunnu | बनाउंनु |
| (create) | rachnu | रच् नु |
| (cause) | párnu, tulyáunnu | पार्नु, तुल्याउंनु |

| | | |
|---|---|---|
| (a bed) | bichháunnu | बिछाउंनु, |
| (a noise) | hallá garnu | हल्ला गर्नु |
| male (human) | logne mánchhe | लोग्ने मान्छे |
| (birds) | bhále | भाले |
| (buffalow) | rángo | रांगो |
| (horses, goats) | boka | बोका |
| mallet | mungro | मुंग्रो |
| (large) | ghan | घन् |
| man | mánchhe, mánis | मान्छे, मानिस् |
| (person) | jana | जन |
| mango | ámp | आंप् |
| manner (method) | rit, káidá | रीत् , काइदा |
| (habit) | báni | बानी |
| manners | behorá, chálchalan | बेहोरा, चाल् चलन् |
| manure | mal | मल् |
| many | dherai, anek | धेरै, अनेक् |
| March (Mar.15 April14) | chait | चैत् |
| march, to | hinnu, hinrnu | हिंनु, हिंड् नु |
| mark (n) | chinnu, thoplá | चिंनु, थोप्ला |
| market | bajár, hát | बजार् , हाट् |
| marriage | byáhá | व्याहा |
| marry, to | byáhá garnu | व्याहा गर्नु |
| marsh | simsár, daldal, dháp | सिम्सार, दल्दल् धाप् |
| master | málik, swámi | मालिक् , स्वामी |
| (teacher) | guru | गुरु |

| | | |
|---|---|---|
| mat | mándro | माण्ड्रो |
| (bamboo matting) | bhakári | भकारि |
| match | diyásalái | दीयासलाइ |
| matted | latte | लट्टे |
| matter | kurá | कुरा |
| (thing) | thok | थोक् |
| (pus) | pip | पीप् |
| mattress | gaddá | गद्दा |
| May (May 15 June 15) | Jeth | जेठ् |
| meaning | artha | अर्थ |
| means (method) | upay, jukti | उपाय्, जुक्ति |
| measles | dádurá | दादुरा |
| measure (n) | náp, nápo | नाप्, नापो |
| to | nápnu | नाप्नु |
| meat (flesh) | másu, | मासु, |
| (butchers) | sikár | सिकार् |
| medal | tagmá | तग्मा |
| medicine | okhati, iláj, dawái | ओकति, इलाज, दवाई |
| meet, to | bhetnu | भेट्नु |
| (overtake) | phelá párnu | फेला पार्नु |
| meeting (rivers) | dobhán | दोभान् |
| (assembly) | sabhá | सभा |
| melon | kharbujá | खर्बुजा |
| melt, to (intr.) | galnu, paglanu | गल्नु, पग्लनु |
| mend, to (put right) | sudhárnu | सुधार्नु |
| (patch) | tálnu | टाल्नु |
| | marammat garnu | मरम्मत् गर्नु |

| | | |
|---|---|---|
| merchant | bepári | बेपारी |
| mercy | dayá, kripa, | दया, कृपा, |
| | chhimá | छिमा, |
| messenger | khabar puryáunne | खबर् पुर्‍याउंने |
| | dut | दूत् |
| method | rit, rakam, upay | रीत् , रकम् , उपाय् |
| | káidá | काइदा |
| midday | dopahar | दोपहर् |
| midnight | ádhárát | अधारात् |
| middle | mánjhako, bichko | मांझको, बीच् को |
| mildew | dhunri, dhumsi | धूंड़ि, धूम् सी |
| milk | dudh | दुध |
| to | duhunnu | दुहुंनु |
| mill (hand) | jànto | जांतो |
| (water) | ghatta | घट्ट |
| millet | bhadu, káguni | भदु, कागुनि |
| mind (n.) | man, hirday, | मन्, हिर्दय् , |
| | chitta | चित्त |
| to (obey) | mánnu | मान्नु, |
| (feel) | gáro mànnu | गारो मान्नु |
| (watch) | hernu | हेर्नु |
| (pay attention) | dhyán dinnu | ध्यान्, दिंनु |
| (care) | dhandá mánnu | धन्दा मान्नु |
| (never mind) | dhandá chhaina | धन्दा छैन |
| mine .(n ) | khàni | खानि |
| (explosive) | surung | सुरुंग् |

| | | |
|---|---|---|
| mingle, to (tr.) | misáu*n*nu, | मिसाउंनु, |
| | miláu*n*nu | मिलाउंनु |
| (intr.) | misi*n*nu | मिसींनु |
| mint (spice plant) | padiná | पदीना, |
| (money) | taksar | टक्सर् |
| mirror | ai*n*ná, shishá, | ऐंना, शिशा, |
| | sisá | सिसा |
| misconduct | kuchál | कुचाल् |
| miser | lobhi, sum, kanjus | लोभी, सुम, कन्जुस् |
| misery | dukkha | दुक्ख |
| miss, to | na lagáu*n*nu | न लगाउंनु |
| (out) | biráu*n*nu | बिराउंनु |
| (discover absence) | rainchha bhani | रैनछ भनि, |
| | tháha páu*n*nu | थाहा पाउंनु |
| missing | haráeko | हराएको |
| mist | kuiro | कुइरो |
| mistake (n.) | bhul | भूल |
| misty | dhamilo | धमीलो |
| mix, to | misáu*n*nu, | मिसाउंनु, |
| | muchhnu | मूछ्नु |
| mob | hul | हुल् |
| model, (n.) | nakal | नक्ल् |
| to | banáu*n*nu, dhálnu | बनाउंनु, ढाल्नु |
| moisten, to | osáu*n*nu, | असाउंनु, |
| | mukryáu*n*nu | मुक्र्याउंनु |
| mole (on body) | kothi | कोठी |
| moment | chhin | छिन् |

| | | |
|---|---|---|
| momentary | ek chhin ko | एक छिन् को |
| Monday | Sombár | सोम् बार |
| money-lender | sáhu, maháján, seth | साहु, महाजन्, सेठ् |
| monkey | bándhar | बांधर् |
| month | mahiná, mainná | महिना, मैना |
| moon | jun | जून् |
| (new) | aunsi | औंसी |
| (old) | purne | पुर्ने |
| (waning half) | badi | बदी |
| (waxing „ ) | sudi | सुदी |
| more | besi, jyásti, aru | बेसि, ज्यास्ति, अरु |
| morning | bihána | बिहान |
| mortar (vessel) | okhali, dhiki | ओख्लि, ढीकि |
| mosquito | lámkhutte, mas | लाम् खुट्टे, मस् |
| mosquito net | masuri | मसुरी |
| moss | jhyáu | झयाऊ |
| mother | ámá, mahatári | आमा, महतारी |
| mother-in-law | sásu | सासु |
| mount, to | charhnu | चढ़् नु |
| mountain | pahár | पहार् |
| (large) | parbat | पर्बत् |
| (chain) | lekh | लेख् |
| mouse | musá | मुसा |
| moustache | jungá | जुंगा |
| mouth | mukh | मुख् |
| mouthful, | phánk | फाँक् |

| | | |
|---|---|---|
| move, to, (tr.) | sárnu | सार्नु |
| (shake) | hilláunnu | हिल्लाउंनु |
| (intr.) | hilnu, sarnu | हिल्नु, सर्नु |
| (move in bounds) | dhasàro hánnu | धसारो हान्नु |
| much (adj.) | dherai | धेरै |
| (adv.) | dher, besi | धेर्, बेसी |
| mucus (e.g. from nose) | singàn | सिङान् |
| mud | hilo | हीलो |
| muddy (of water) | dhamilo | धमीलो |
| mule | khachchar | खच्चर् |
| mumps | galphulá ko bethá | गल्फुला को बेथा |
| murder | hatyá | हत्या |
| murmur, to | ganganáunnu | गन्गनाउंनु |
| muscle | nasà | नसा |
| mushroom | chyàu | च्याउ |
| music | rág | राग् |
| mustard | rái, (the plant) tori | राइ, तोरि |
| myself | ma áphai | म आफै |

**N**

| | | |
|---|---|---|
| naik | amaldàr | अमल्दार |
| nail (finger) | nang | नङ |
| (iron) | khil, kánti, preg | खील्, कांटि, प्रेग् |
| naked | nàngo, nangá | नांगो, नंगा |
| name | nàun | नाउं |
| named | nàun gareko | नाउं गरेको |
| namely | arthát | अर्थात् |

| | | |
|---|---|---|
| nape | ghichro, | घिच्रो, |
| | ghuchchuk | घुच्चुक् |
| narrow | sánguro | सांगुरो |
| nasty | najáti, narámro | नजाति, नराम्रो |
| natural | sobháuko | सोभाउको |
| natural (world) | prakriti | प्रकृति |
| (character) | sobhàu | सोभाउ |
| navel | nábhi, nàinto | नाभि, नाइंतो |
| near | (ko) najik, nira | (को) नजिक, निर |
| nearly | jhandai | झन्दै |
| necessary | khàncho, chahindo | खांचो, चाहिंदो |
| neck | galá, ghichro | गला, घिच्रो |
| necklace | màlá, kantha | माला, कंठ |
| need, to | (lái) cháhinnu | (लाइ) चाहिंनु |
| needle | siu, siyo | सीउ, सीयो |
| neglect, to | nahernu, birsnu | नहेर्नु बिस्र्नु |
| neighbour | kshimeki, | क्षिमेकि, |
| | chhimeki | छिमेकि |
| neighbouring | chheuko | छेउको |
| nephew (brother's son) | bhátijá | भातीजा |
| (sister's son) | bhánnij | भांनिज् |
| nerve | nasá | नसा |
| nervous | daráunne, átinne | डराउंने, आतींने |
| nest | gunr | गृडं |
| net | jàl | जाल् |
| (mosquito) | masuri | मसुरी |
| nettle | sisno | सिस्नो |

| | | |
|---|---|---|
| never | kaile pani + neg. of verb | कैले पनि...... |
| nevertheless | taıai pani, tai pani ra pani | तरै पनि, तै पनि, र पनि |
| new | nayá, naulo | नया, नौलो |
| (fresh) | tàjá, álo | ताजा, आलो |
| news | khabar, pattá, samachár | खबर्, पत्ता, समचार |
| next (time) | arko | अर्को |
| (place) | (ko) chheuko | (को) छेउको |

e.g. "the man nextRanbir"—Ranbir ko chheuko mánchhe
niece (brother's daughter)

| | | |
|---|---|---|
| | bhátiji | भतीजि |
| (sister's „ | )bhánji | भांजी |
| night | rát | रात् |
| nip, to | chimotnu | चिमोट्नु |
| (off) | chunrnu | चुंड्नु |
| nipple | thun, dut | थुन्, दुत् |
| no | hoina | होइन |
| no doubt | nisse | निस्से |
| nod, to (in sleep) | jhulnu | झुल्नु |
| noise | sor, awáj, hallá | सोर्, अवाज्, हल्ला |
| nominate, to | khatáunnu | खटाउंनु |
| noon | ádhá din, duipahar din | आधा दिन्, दुइपहर् दिन् |
| North | uttar disha | उत्तर दिशा |
| nose | nákh | नाख् |

| | | |
|---|---|---|
| nose-ring (centre) | buláki | बुलाकि |
| (out-side) | phuli | फूली |
| nostril | nákh ko chheur, | नाख् को छेंड़् |
| | nákh ko dulo | नाख् को दुलो |
| note, to | lekhi rákhnu | लेखि राख्नु |
| nothing, for (free) | tyesai | त्यसै |
| notify, to | sunáunnu | सुनाउंनु |
| November (Nov. 15—Dec. 15) | mansir | मङ्सीर |
| now | aile | ऐले |
| (just) | bharkhar | भर्खर् |
| now-a-days | áju bholi, achel | आजुभोलि, अचेल |
| numb, to | gangrinu | गङ्ग्रीनु |
| (usually with cold) | kakrinnu | कक्रींनु |
| number (figure) | sankhya | संख्य |
| numeral | anka | अंक |
| nut | gerá, badám | गेड़ा, बदाम् |
| (bolt) | dhibri | ढिब्रि |
| (betel) | pán | पान् |
| (chewing) | supári | सुपारी |
| nutmeg | jaiphal | जाइफल् |

## O

| | | |
|---|---|---|
| oak | bánj'ko rukh | बांज को रुख् |
| oar | dánri, baháunná, | डांड़ि, बहांना, |
| | gabaná | गबना |
| oath | kiriyá, kasam | किरिया, कसम् |
| oats | jau | जौ |
| obedient | ágyá mánne | आज्ञा मान्ने |

| | | |
|---|---|---|
| obey, to | mánnu | मान्नु |
| oblique | bángo, terho | बाङ्गो, टेढ़ो |
| | charkeko | चर्केको |
| obscene | phohar, phohari | फोहर्, फोहरी |
| observation | herái | हेराई |
| observe, to (see) | dekhnu, hernu | देख्नु, हेर्नु |
| (notice) | chet rákhnu | चेत् राख्नु |
| (say) | bhannu | भन्नु |
| obsolete | na chalne, puránno | न चल्ने, पुरांनो |
| obstacle | chhekthun, aljho | छेक्थुन्, अल्झो |
| obstinate | atteri, dhito, | अट्टेरी, ढीटो, |
| | magro | मग्रो |
| obstreperous | kalyáhá | कल्याहा |
| obstruct, to | thunnu, chheknu | थुन्नु, छेक्नु |
| obtain, to | páunnu | पाउंनु |
| obtrude, to | ghusárnu, | घुसार्नु, |
| | ghachetnu | घचेट्नु |
| occasion (time) | belá, khep | बेला, खेप् |
| (reason) | káran | कारण |
| (chance) | dáu, mauká | दाउ, मौका |
| occasionally | kaile kaile | कैले कैले |
| occupant | basne | बस्ने |
| ocean | samundra, | समुन्द्र, |
| | mahaságar | महासागर |
| Ocotober (Oct.15 Nov.15) | Kártik | कार्तिक |
| odour (good) | suganda, básná | सुगन्ध, बास्ना |
| (bad) | dugandha or | दुगन्ध or |
| | kugandha | कुगन्ध |

| | | |
|---|---|---|
| offender | doshi | दोषी |
| off-hand | jatábhábi | जताभाबि |
| often | bár bár, ghari | बार् बार्, घरि |
| | ghari, dherai khep | घरि, धेरै खेप् |
| oil | tel | तेल् |
| (kerosine) | matti tel | मट्टी तेल् |
| oily | chillo | चिल्लो |
| ointment | malham, mallam | मल्हम्, मल्लम |
| old (persons) | burho, briddha | बूढो, बृद्ध |
| (things) | puránno | पुरानो |
| (worn out) | thotro | थोत्रो |
| on | má, mánthi | मा, मांथि |
| once | ek khep, ek palta | एक खे्, एक पल्ट, |
| onion | piyáj | पियाज् |
| only | kháli......mátrai | खालि......मत्रै |
| | kháli........ | खालि...... |
| | ..... mátrai | ..... मात्रै |
| open. to | ughárnu, kholnu | उघार्नु, खोल्नु |
| (mouth) | báunnu | बाउंनु |
| opening (hole) | chheur, dulo | छेंड़, दुलो |
| (chance) | dáu, mauká | दाउ, मौका |
| opinion | mato, ráy, bichár, | मतो, राय्, बिचार्, |
| | man | मन् |
| opium | aphim | अफीम् |
| opportunity | mauká, dáu | मौका, दाउ |
| (get, an) | dori lágnu + dat | डोरी लाग्नु |

| | | |
|---|---|---|
| opposite (over against) | (ko) sá*n*mu | (को) सांमु |
| or | ki, yá, athwá | कि, या, अथ्‌वा |
| orange | suntalá | सुन्तला |
| order (n.)(arrangement) | melo | मेलो |
| (custom) | rit, bidhi | रीत्, बिधि |
| (command) | ágyá, hukum, ain | आज्ञा, हुकुम्, ऐन् |
| to (arrange) | thik párnu, | ठीक पार्नु, |
| | tha*n*kyáu*n*nu | थंक्याउंनु |
| (command) | ágyá di*n*nu | अज्ञा दिंनु |
| | hukum garnu | हुकुम गर्नु |
| ordinary | sádháran | साधारण् |
| | madhyam | मध्यम् |
| ornament | gahaná, singár | गहना, सिङ्गार् |
| to | singarnu | सिङ्गार्नु |
| orphan | tuhuro, dáto | टुहुरो, दातो |
| other | arko, dosro | अर्को, दोस्रो |
| otherwise | hoina bhannetá | होइन भन्ने ता |
| | natra tá | नत्र ता |
| outside | báira patti | बाइर पट्टि |
| | baira | बैर |
| outstrip, to | uchhinnu, nā*n*ghi | उछिन्नु, नांघि |
| | já*n*nu | जांनु |
| oven | chulá, bhatti | चुला, भट्टी |
| over (prep.) | máthi | माथि |
| (across water etc.) | pári | पारि |
| (passed) | biteko | बीतेको |
| (finished) | bhiyáyo | भियायो |
| to be | ubranu, bá*n*chnu | उब्रनु, बांच्‌नु |

| | | |
|---|---|---|
| overecoat | báirekot | बाइरेकोट् |
| overcome, to | jitnu, jay want hunnu | जीत् नु, जय् वन्त हुंनु |
| overflow, to (intr.) | (báira) pokhinnu | (बाइर) पोखींनु |
| overpower, to | tábimá lyáunnu | ताबिमा ल्याउंनु |
| oversight (mistake) | bhul | भूल् |
| overtake, to | bhetáunnu, phelá párnu | भट्टाउंनु, फेला पार्नु |
| over work (n.) | jhok | झोक् |
| owe, to | rin lágnu, rini hunnu | ऋण् लाग् नु, ऋणी हुंनु |
| owl | láta chará, ullu | लाटा चरा, उल्लू |
| ox | goru | गोरु |

**P**

| | | |
|---|---|---|
| pace | kadam, pharká dek | कदम् , फर्क् का, डेक् |
| pack (cards) | tás | तास् |
| to | thankyáunnu | थनक्याउंनु |
| paddy | dhán | धान् |
| padlock | tálá | ताला |
| page | patra | पत्र |
| pail (wooden) | theko dunhyáro | ठेको दुन्ह्यारो |
| (bucket) | bálti, dol | बाल् टि, डोल् |

|  |  |  |
|---|---|---|
| pain | dukha, pira | दुःख, पीड़ा, |
| (pains effort) | mihinnat | मिहिंनत् |
| to (intr.) | dukhnu | दुख्नु |
| (tr.) | dukha dinnu | दुःख दिंनु |
| (trouble) | satáunnu | सताउंनु |
| paint | ranga | रङ्ग |
| to | rangáunnu | रङ्गाउंनु |
| pair | jorá | जोड़ा |
| palace | ráj mahal, darbàr | राज् महल्, दर्बार् |
| palm (tree) | khajur, tár ko rukh | खजूर्, ताड् को रुख |
| (hand) | hatkelá | हत् केला |
| pane | ainá | ऐना |
| panic | tarsài | तर्साई |
| panther | chituwá | चितुवा |
| paper | kágat | कागत् |
| parade (troops) | kawáj | कवाज् |
| to | kawáj kheláunnu | कवाज् खेलाउंनु |
| pardon | máph, kshamá | माफ्, क्षिमा |
| to | máph or kshamá garnu | माफ् या क्षमा गर्नु |
| pare, to | tachhnu | ताछ्नु |
| parents | ámábábu | आमाबाबु |
| parrot | sughá | सुघा |
| parry, to | chhelnu, tarkáunnu | छेल्नु, तर्काउंनु |
| part | bhág, hissa, ansha | भाग, हिस्सा, अंश |

| | | |
|---|---|---|
| particular (special) | khás, mul | खास् मूल् |
| (such & such-a) | phaláná | फलाना |
| particularly | khásgari | खास् गरि |
| party (military) | toli | टोली |
| (band) | gathá | गट्टा |
| (crowd) | hul | हुल |
| pass (mountain) | bhanjáng | भन्जाङ |
| (permit) | purjá | पुर्जा |
| to (through) | chhirnu | छीर्नु |
| (spend, time) | bitnu, kátnu | बीत् नु, काट् नु |
| (tr.)(outstrip) | uchhinnu | उछिन्नु |
| (law) | chaláunnu | चलाउंनु |
| past | biteko | बीतेको, |
| (ago) | bhayo | भयो |
| pasteboard | gátá | गाता |
| paste on, to | thopárnu, tánsnu | थोपार्नु, टांस् नु |
| patch (n.) | tálo | टालो |
| to | tálnu | टाल् नु |
| path | báto, chorbáto | बाटो, चोर् बाटो |
| patience | dhiraj | धीरज् |
| pause, to | parkhanu, arinnu | पर्खनु, अड़ींनु |
| paw | panjá | पन्जा |
| pay | talab, tankhá | तलब्, तन्खा |
| to (tr.) | tirnu | तीर्नु, |
| (military) | tankhá bántnu | तन्खा बांट् नु |
| | or bánrnu | or बांढ् नु |
| (intr.) | náphá dinnu | नाफा दिंनु |

| | | |
|---|---|---|
| pea | keràu | केराउ |
| peace | mel, kushal, shánti | मेल्, कुशल्, शान्ति |
| peach | áru | आरु |
| peak | tuppo, tháplo | टुप्पो, थाप्लो |
| pear | naspáti | नस्पाति |
| pearl | moti | मोती |
| peel (n.) | bokrá | बोक्रा |
| to | tāchhnu, khoselnu | ताछ्नु, खोसेल्नु |
| peep, to | chiyáunnu, chor áṅkhá le hernu | चियाउंनु, चोर आंखा ले हेर्नु |
| peg | kilá | कीला |
| pen | kalam | कलम् |
| (sheep) | khor | खोर |
| pencil | pensil | पेन्सिल् |
| penknife | cháku | चाकु, |
| (on khukri) | karda | कर्द |
| people | mánchheharu, janá | मान्छेहरु, जना |
| (subjects) | prajá | प्रजा |
| pepper | marich, golmirich | मरिच्, गोलमिरिच |
| (red) | khorsáni | खोर्सानि |
| percent | saiṅkará | सैंकड़ा |
| perhaps | ......holá (after verb), koni | ......होला, कोनि |
| perpendicular | tháro | ठाड़ो |
| persecute, to | satáunnu | सताउंनु |

| | | |
|---|---|---|
| person | janá, mánchhe | जना, मान्छे |
| persuade, to | phakáunnu | फकाउंनु |
| petition | binti | बिन्ती |
| phlegm | khakár | खकार् |
| (nasal) | sigán | सिगान् |
| pick (n.) | gainti | गैंती |
| to (up) | tipnu | टिप्नु |
| picture | naksá, taswir, | नक्सा, तस्बीर, |
| | chitra | चित्र |
| piece | tukrá, chokto | टुक्रा, चोक्टो |
| to, together | gánsnu | गांस्नु |
| pierce, | bijhnu, chherna | बिझ्नु, छेड्नु |
| pig (tame) | sungur | सुंगुर् |
| (wild) | banel | बनेल् |
| pigeon (tame) | parewá | परेवा |
| (wild) | malewá | मलेवा |
| pile | thupro | थुप्रो |
| to | thupryáunnu | थुप्र्याउंनु |
| pill | goli | गोली |
| pillar | khambá | खंबा |
| pillow | sirání | सिरानी |
| pimple (small) | phoká, bibirá | फोका, बिबिरा |
| (large=boil) | khatirá | खटीरा |
| pinch, to | chimotnu, | चिमोट्नु, |
| | chimtanu | चिम्टनु |
| pit | khálto | खाल्टो |

| | | |
|---|---|---|
| pitch, to (tent) | tá*n*gnu, lagáu*n*nu, hálnu | टांग्‌नु, लगाउंनु, हाल्‌नु |
| pitcher | ghará, ghailá | घड़ा, घैला |
| pity | dayá | दया |
| place | thau*n* | ठाउं |
| to | rákhnu, lagáu*n*nu | राख्‌नु, लगाउंनु |
| plain (adj.)(level) | samma | सम्म |
| (easy) | sajilo | सजीलो |
| (without ornament) | sádá | सादा |
| plains, the | mades | मदेस् |
| plan (method) | rit | रीत् |
| (device) | yukti, upáya | युक्ति, उपाय |
| to | upáya nikálnu | उपाय निकाल्‌नु |
| plane, to | táchhnu, chillyáu*n*nu | ताछ्‌नु, चिल्ल्याउंनु |
| plank | phalek | फलेक् |
| plant | biruwá, bot | बिरुवा, बोट् |
| (shoot) | tusá | टुसा |
| to | ropnu, gárnu | रोप्‌नु, गाड्‌नु |
| plate | thál | थाल् |
| (of leaves) | tapari | टपरी |
| play, to | khelnu | खेल्‌नु |
| (music) | bajáu*n*nu | बजाउंनु |
| (n.) | khel | खेल् |
| (show) | tamásha | तमाशा |
| pleasant | ramáilo, manpardo | रमाइलो, मन्‌पर्दो |

| | | |
|---|---|---|
| please, to (tr.) | khushi párnu, | खुशि पार्नु, |
| | ramáunnu | रमाउंनु |
| (intr.) | játi lágnu | जाति लाग्नु |
| pleased | khushi | खुशि |
| pleasure | ánanda, harsha | आनन्द, हर्ष |
| pliant | lulo | लुलो |
| plot (plan) | yukti | युक्ति |
| plough | halo | हलो |
| to | jotnu | जोत्नु |
| ploughshare | pháli | फालि |
| pluck, to | tipnu | टिप्नु |
| plunder | lut | लुट् |
| pocket | goji, khalti | गोजि, खल्ति |
| pod | kosá | कोसा |
| point, to (make pointed) | tikhárnu | तिखार्नु |
| (show) | dekháunnu | देखाउंनु |
| pointed | tikho | तीखो |
| poison | bikh | विष् |
| poisonous | bishálu | विषालु |
| poke, to | ghochnu | घोच्नु |
| pole | dandá, gháro | डंडा, घारो |
| pond or pool | pokhari, taláu | पोखरि, तलाऊ, |
| (in river) | ráha | रह |
| poor | kangáli, nirdhani | कंगालि, निर्धनी |
| porcupine | dumsi | दुम्सी |
| possessions | dhansampati, | धन्सम्पति, |
| | jhitimiti | झिटिमिटि |

| | | |
|---|---|---|
| post (letters) | dák, hulák | डाक्, हुलाक् |
| (wooden) | kilá | कीला |
| postage | lágat | लागत्, |
| (stamp) | tikat | टिकट् |
| postpone, to | tháti rákhnu | थाति राख्नु |
| pot (earthen) | hánri, | हांडि, |
| (cooking) | bhánrá | भांड़ा |
| (brass) | lohotá, garuwá | लोहोटा, गरुवा |
| (flower) | gamlá | गम्ला, |
| (water) | ghará | घड़ा |
| potatoe | álu | आलू |
| potter | kumále | कुमाले |
| pound, to | kutnu, pindhnu | कुट्नु, पिंध्नु |
| pour, to | pokháunnu, | पोखाउंनु |
| | jhárnu, hálnu | झार्नु हाल्नु |
| (of rain)...... | páni besari áunnu | पानी बेसरि आउंनु |
| powder | dhulo, pitho | धूलो, पिठो |
| power | bal, shakti | बल् शक्ति |
| (in one's power) | tábi, bas | ताबि, बस् |
| powerful | balliyo | बल्लियो |
| practice (n) (custom) | báni, behorá | बानि, बेहोरा |
| pray, to | prárthaná garnu, | प्रार्थना गर्नु, |
| | pujá garnu | पुजा गर्नु |
| precipice | bhir | भीर |
| prepare, to | tiyar párnu | तियार् पार्नु |
| present (n.) (gift) | dán | दान् |
| to be | házir hunnu | हाजिर् हुंनु |

| | | |
|---|---|---|
| press, to (down) | khá*n*dnu | खांद्नु |
| (squeeze) | nichornu | निचोड़्नु |
| (crowd) | michnu, ghachcha | मीच्नु, घच |
| | di*n*nu | दिंनु |
| (urge on) | dhipi láu*n*nu | ढिपि लाउंनु |
| pretend, to | ni*n*u garnu, chhal | निंउ गर्नु, छल् |
| | garnu, topalnu | गर्नु, टोपल्नु |
| pretty | sundar, rámro | सुन्दर्, राम्रो |
| prevent, to | thunnu, chheknu, | थुन्नु, छेक्नु, |
| | na di*n*nu | न दिंनु |
| prey | shikár | शिकार |
| price | dám, mol, bháu | दाम्, मोल, भाउ |
| prick, to | ghochnu, gopnu | घोच्नु, गोप्नु |
| pride | ghamand, miját | घमण्ड, मिजात् |
| prince | rájkumár | राज्कुमार् |
| princess | rájkumári | राज्कुमारी |
| print, to | chhápnu | छाप्नु |
| prisoner | kaidi | कैदी |
| private (secret) | gupta | गुप्त |
| (own) | nij, áphnu | निज् आफ्नु |
| prize | inám, jitbáji | इनाम्, जित्बाजी |
| procession | tá*n*t | तांत् |
| (marriage) | bariyá*n*t, janta | बरियांत्, जन्त |
| (funeral) | malámi | मलामि |
| proficient | sipálu | सिपालु |
| profit | náphá | नाफा |
| progress, to | melo sárnu | मेलो सार्नु |

| | | |
|---|---|---|
| promise, to | báchá garnu | बाचा गर्नु |
| proof | pramán | प्रमाण् |
| prop, to | tewá lagáu*n*nu | टेवा लगाउंनु |
| protect, to | rakshá garnu, | रक्षा गर्नु, |
| | jogáu*n*nu | जोगाउंनु |
| prove, to (try out) | já*n*chnu | जांच्नु |
| (give proof of) | (ko) pramán garnu | (को) प्रमाण गर्नु |
| provisions (rations) | rasad | रसद् |
| (for field work) | arni | अर्नि |
| (cooked for a journey) | khájá | खाजा |
| provoke, to | jiskyáu*n*nu | जिस्क्याउंनु |
| prey, to | chiyáu*n*nu | चियाउंनु |
| pull, to | tánnu | तान्नु |
| (down) | bhatkáu*n*nu | भत्काउंनु |
| punctual | niju | निजु |
| punctual-in duty | ruju | रुजु |
| punishment | sajá | सजा |
| pure | chokho | चोखो |
| purgative | juláp | जुलाप् |
| purpose | mansá, ichchhe | मन्सा, इच्छे |
| pursue, to | pachhi pachhi | पछि पछि |
| | já*n*nu | जांनु |
| pus | pip | पीप |
| push, to | ghachetnu, | घचेट्नु, |
| | dhakká di*n*nu | धक्का दिंनु |

| | | |
|---|---|---|
| put, to | rákhnu | राख्नु |
| (put on clothes) | láunnu, lagáunnu | लाउंनु, लगाउंनु |
| (one above another) | khápnu | खाप्नु |
| (put off clothes) | kárnu | काढ्नु |
| (put out) | nikálnu | निकाल्नु |
| (a)(hand) | pasárnu | पसार्नु |
| (b)(light) | nibháunnu, | निभाउंनु, |
| | márnu | मार्नु |
| (put down) | jhárnu | झार्नु |

**Q**

| | | |
|---|---|---|
| quagmine | daldal | दल्दल् |
| quality (n.) | gun | गुण् |
| quarrel (n.) | jhagará | झगरा |
| to | jhagará garnu, | झगरा गर्नु, |
| | bájhnu | बाझ्नु |
| quarter a | ek páwá | एक् पावा |
| queen | ráni, (cards) mim | रानी, मिम् |
| quench, to (fire, light) | nibháunnu | निभाउंनु |
| question | sawál, prasna | सवाल, प्रश्न |
| to | sodhnu | सोध्नु |
| quick | chhito, chánro | छिटो, चांढ़ो |
| (at once) | jhwattai | झ्वट्टै |
| quickly | chhitogari | छिटोगरि |
| quiet | chup | चुप् |
| quietly | chupcháp gari | चुप् चाप् गरि |

## R

| | | |
|---|---|---|
| race | báji, horábáji | बाजि, होड़ाबाजि |
| raft | berá | बेड़ा |
| rafter | karanga | करङ्ग |
| rag | jhumro | झुम्रो |
| (in rags) | tháṅgne | थांग्ने |
| railway line | rel ko lik | रेल को लीक |
| rain | jhari, páni | झरि पानी |
| to | páni parnu | पानी पर्नु |
| the rains | barkhá | बर्षा |
| rainbow | indreni | इन्द्रेनी |
| raise, to | utháuṅnu, uchálnu | उठाउंनु, उचाल्नु |
| raisin | kismis | किस्मस् |
| rancid | kuheko, tito | कुहेको, तीतो |
| rank (soldiers in line) | páṅti | पांति |
| (position) | darja | दर्जा |
| rash n. (i.e. disease) | bibirá | बिबिरा, |
| (heat) | ghamaurá | घमौरा |
| rat | musá | मुसा |
| rate | bháu, dám, mol, | भाउ, दाम्, मोल् |
| | lágat | लागत् |
| ration | rasad | रसद् |
| raw | káṅcho | कांचो |
| reach, to | (má) pugnu | (मा) पुग्नु |
| (reach out hand) | pasárnu | पसार्नु |
| read, to | parhnu | पढ्नु |
| reading | parhai | पढ़ै |

| | | |
|---|---|---|
| ready | tiyár | तियार् |
| real | khás | खास् |
| reap | kátnu | काट्नु |
| reason (cause) | káran | कारण् |
| rebuke, to | hakárnu, | हकार्नु, |
| | dhamkáunnu | धम्काउंनु |
| receive, to | páunnu | पाउंनु |
| recent | bharkharko | भर्खर्को |
| recently (just) | bharkhar, aile | भर्खर्, ऐले |
| recognise, to | chinnu | चिन्नु |
| recommend, to | sarkáunnu | सर्काउंनु |
| record, to | tánknu | टांक्नु |
| recover one's senses, to | biuntasnu | बिउंतंनु |
| recruit | rangrut | रंग्रुट् |
| to | bharti garnu | भर्ति गर्नु |
| recruiting | gallá | गल्ला |
| red | ráto | रातो |
| reduce, to | ghatáunnu | घटाउंनु |
| reform, to (put right) | sudharnu | सुधार्नु |
| refuse, to | na mannu, manái | न मान्नु, मनाइ |
| | garnu | गर्नु |
| | aswikár garnu | अस्वीकार् गर्नु |
| refuse (rubbish) | kasingar | कसिङर |
| (left overs of food) | jutho | जुठो |
| regiment | paltan | पल्टन् |
| register, to | tánknu | टांक्नु |

| | | |
|---|---|---|
| regularly | bárambár | बारंबार |
| reign, to | ráj garnu | राज गर्नु |
| rein | lagám | लगाम् |
| rejoice, to | ramáu*n*nu, | रमाउंनु, |
| | ramáhat garnu | रमाहट् गर्नु |
| release, to | chhori di*n*nu | छोड़ि दिंनु |
| relief (n.) (sentry) | pále, badali | पाले, बदली |
| religion | dharmma, mat | धर्म्म, मत् |
| remain, to | raha*n*nu, basnu | रहंनु, बस्नु |
| (honorific) | rakshá garnu | रक्षा गर्नु |
| (stay behind) | parkhanu | पर्खनु |
| (be left over) | ubranu | उब्रनु |
| remainder | bá*n*ki, chhorieko | बांकि, छोड़िएको |
| | ubreko | उब्रेको |
| remember, to | samjhánu | सम्झनु |
| remind, to | samjháu*n*nu | सम्झाउंनु |
| remove, to | sárnu, sarkáu*n*nu | सार्नु, सर्काउंनु |
| rent (tear) | chyátái, phutái | च्याताई फुटाई |
| (payment) | lágat, tiro, kirái | लागत् तीरो, किराई |
| repair, to (put right) | sudhárnu | सुधार्नु |
| (mend) | tálnu, marammat | टाल्नु, मरम्मत् |
| | garnu | गर्नु |
| repay, to (debt etc.) | tirnu | तीर्नु |
| repeat, to | dohoryáu*n*nu, | दोहोर्याउंनु, |
| | pheri bhannu | फेरि भन्नु |
| repel, to (attack etc.) | pachhi hatau*n*nu | पछि हटाउंनु |
| repent, to | pachhtáu*n*nu | पछ्ताउंनु |
| reproof | dhamki | धम्कि |

| | | |
|---|---|---|
| reprove, to | dhamkáu*n*nu | धम्काउंनु |
| request | binti | बिन्ति |
| to | binti garnu | बिन्ति गर्नु |
| (ask for) | má*n*gnu | मांग्नु |
| rescue, to | bacháu*n*nu, | बचाउंनु |
| | jogáu*n*nu | जोगाउंनु |
| resolve, to (decide) | thaharáu*n*nu | ठहराउंनु |
| respect (n.) | mán | मान् |
| to | mán garnu | मान् गर्नु |
| respectful | mán garne | मान् गर्ने |
| responsible | jimáwári | जिमावारी |
| rest (n.) | bishrám, bisái, | बिश्राम् बिसाई, |
| | árám | आराम् |
| to | bishrám garnu, | बिश्राम् गर्नु |
| | bisáu*n*nu | बिसाउंन |
| resthouse | pauwá, | पौवा, |
| | dharmmashála | धर्म्मशाल |
| restore, to (give back) | pharkái di*n*nu | फर्काई दिंनु |
| (to health) | niko párnu | निको पार्नु |
| result | phal | फल् |
| retire, to (retreat) | pachhi sarnu | पछि सर्नु |
| (go back) | pharki já*n*nu | फर्की जांनु |
| (come) | pharki áu*n*nu | फर्की आउंनु |
| return, to | pharkanu | फर्कनु |
| revenue | ámdani | आम्दनि |
| revise, to (go over again) | dohoryáu*n*nu | दोहोर्याउंनु |

| | | |
|---|---|---|
| revolt | rájdroh | राजद्रोह् |
| reward | inám, phal, | इनाम्, फल्, |
| | pratiphal | प्रतिफल् |
| rhinoceros | gai*n*rá | गैंडा |
| rib | karang | करङ् |
| rice (growing) | dhán | धान् |
| (uncooked) | cháwal | चावल् |
| (cooked) | bhát | भात् |
| (parched) | chiurá | चिउरा |
| rich | dhani | धनी |
| riches | dhan, | धन् |
| | dhansampati | धन्सम्पत्ति |
| ride, to | charhnu | चढ्नु, |
| ridge, | dá*n*rá | डांडा |
| (sharp) | dhár | धार् |
| right (adj.) (not wrong) | thik | ठीक |
| (true) | sá*n*cho | सांचो |
| (opp. to left) | dáhina | दाहीन |
| (n.) (claim) | adhikár, hakk | अधिकार्, हक् |
| rind (of fruit, nuts) | bokra | बोक्रा |
| ring (circle) | golgherá | गोलघेरा |
| (for finger) | mundro, au*n*thi | मुन्द्रो, औंठी |
| ringworm | dád, dádru | दाद्, दाद्रु |
| ripe | pákeko | पाकेको |
| ripen, to (intr.) | páknu | पाक्नु |
| (tr.) | pakáu*n*nu | पकाउंनु |

| | | |
|---|---|---|
| rise, to | uthnu | उठ्नु |
| (sun) | jhulkanu, udáunnu | झुल्कनु, उदाउंनु |
| risk | dar, bhay | डर् , भय् |
| river (average) | kholá | खोला, |
| (small) | kholsá | खोल्सा |
| (large) | nadi, gangá | नदी, गङ्गा |
| river bed (water course) | kholchá | खोल्चा |
| (dry, sandy) | bagar | बगर् |
| road | báto | बाटो |
| roast, to(in front of fire) | seknu | सेक्नु |
| (direct on fire) | polnu | पोल्नु |
| (in a pan) | bhutnu | भूट्नु |
| rob, to | lutnu, chornu, | लुट्नु, चोर्नुं, |
| | chori garnu | चोरी गर्नुं |
| robber | chor, dáku | चोर् , डाकू |
| robbery | chori | चोरी |
| rock | dhunga, pahará | ढुंग् , पहरा |
| roll, to | behernu, lapetnu | बेहेर्नुं , लपेट्नु |
| (of tea) | pelnu | पेल्नु |
| roof | chháná | छाना |
| room | kothá | कोठा |
| root | jará | जरा |
| to (root up) | ukhelnu | उखेल्नु |
| rope (cord) | dori (thick) rasi | डोरी. रसि |
| rose, a. (flower) | guláb | गुलाब |
| (on watering can) | jhinjiri | झिन्जिरि |

| | | |
|---|---|---|
| rot, to (intr.) | kuhu*n*nu | कुहुंनु |
| rotten | kuheko | कुहेको |
| rough | khasro | खस्रो |
| round (adj.) | gol, bàtulo | गोल, वाटुलो |
| n. | chakkar | चक्कर् |
| (prep.)(roundabout) | waripari, | वारिपरि, |
| | chárai tira | चारै तिर |
| rouse, to | utháu*n*nu, | उठाउंनु, |
| | jagáu*n*nu | जगाउंनु |
| row, to (boat) | khiyáu*n*nu | खीयाउंनु |
| n. (noise) | hallá | हल्ला |
| rub, to | malnu, puchhnu, | मल्नु, पूछ्नु, |
| | dalnu, michnu | दल्नु मिच्नु |
| rubbish | kasi*n*gar | कसींगर् |
| ruin (n.) | nás | नास् |
| to | nás párnu | नास् पार्नु |
| rule, (n.) | ain, niyam | ऐन्, नियम् |
| to | ráj garnu | राज् गर्नु |
| ruler (person) | rájá, málik | राजा मालिक् |
| run, to | dagurnu | दगुर्नु |
| (run away) | bhágnu | भाग्नु |
| (run over i.e. over flow) | pokhi*n*nu | पोखींनु |
| rust | khiyá, (West) | खीया, |
| | khai | खै |
| to | khiya parnu | खीय पर्नु |

## S.

| | | |
|---|---|---|
| **sack** | borá | बोरा |
| **sacrifice, (n.)** | balidán | बलिदान् |
| **sacrifice, to** | balidán | बलिदान् |
| | charháu*n*nu | चढ़ाउंनु |
| **sad** | surtáko, shokit | सुर्ताको, शोकित् |
| **saddle (horse)** | jin | जीन् |
| (hill pass) | bhanjyáng | भन् ज्याङ |
| **sadness** | surta, udás, shok | सुर्ता, उदास्, शो |
| **sag, to** | jholi parnu, | झोलि पर्नु, |
| | khukulo hu*n*nu | खुकुलो हुंनु |
| **sale** | bikri, bechái | बिक्रि, बेचाई |
| (auction) | lilám | लीलाम् |
| **saliva** | rál, thuk | राल्, थूक |
| **salt** | nun | नुन् |
| **salty (adj.)** | nunilo | नुनीलो |
| **salute, to** | salám garnu | सलाम् गर्नु |
| (inferior to superior) | dhok di*n*nu | ढोक् दिंनु |
| **same** | yei, ui, tyei | येइ, उइ, त्येइ |
| (like) | jásto, jhai*n* | जस्तो, झैं |
| **sand** | báluwá | बालुवा |
| **satisfy, to** | chitta bujhnu | चित्त बुझ् नु |
| (with food etc.) | agháu*n*nu | अघाउंनु |
| **Saturday** | sancharabár | संचरबार् |
| **saucer** | pirich | पिरीच् |

| | | |
|---|---|---|
| save, to (tr.) | bachau*n*nu, | बचाउंनु, |
| | jogáu*n*nu | जोगाउंनु |
| (money) | tha*n*kyáu*n*nu | थन्क्याउंनु |
| (intr)(escape) | bá*n*chnu | बांच्नु |
| saw | árá, ári | आरा, आरी |
| say, to | bhannu | भन्नु, |
| scabbard | dáp, khol | डाप्, खोल् |
| scales (weighing) | taráju | तराजु |
| scar | dám, tátá | दाम्, टाटा |
| scarce | kam, kamti | कम्, कम्ति |
| scarf | galáband | गलाबन्द् |
| scatter, to (intr.) | phi*n*ji*n*nu, | फिंजींनु, |
| | phailanu | फैलनु |
| (tr.) | phinjáu*n*nu, | फिंजाउंनु, |
| | phailáu*n*nu | फैलाउंनु |
| (seed) | chharnu | छर्नु |
| scent (usually bad) | gandha | गन्ध, |
| (pleasant) | básná | बास्ना |
| scheme | jukti, upáya | जुक्ति, उपाय |
| scissors | kai*n*chi | कैंचि |
| scold, to | gáli garnu, | गालि गर्नु, |
| | dhamkáu*n*nu | धम्काउंनु |
| score, a (twenty) | kori, bis | कोरी, बीस् |
| scorpion | bichchhi | बिच्छी |
| scrape, to (clean off) | táchhnu | ताछ्नु |
| scratch, to | kornu, | कोर्नु, |

| | | |
|---|---|---|
| | phaharáunnu | फहराउंनु |
| scream, to | chichyáunnu, | चिच्याउंनु, |
| | karáunnu | कराउंनु |
| screw (n.) | pech | पेच् |
| screwdriver | pechkas | पेच् कस् |
| scum | phinj, gáj | फींज, गाज् |
| scurf | chánya | चान्या |
| sea | samundra | समुन्द्र |
| seal (stamp) | chháp | छाप् |
| to | chhápnu, chháp | छाप् नु, छाप्, |
| | lagáunnu | लगाउंनु |
| search, to | khojnu | खोजनु |
| season | ritu, mausim | ऋतु, मौसिम् |
| seasoned (experienced) | chhipieko | छिपिएको |
| secret (adj.) | gupta, lukeko | गुप्त, लुकेको |
| securely | balliyogari | बल्लियोगरि |
| see, to (catch sight of) | dekhnu | देख् नु |
| (look at) | hernu | हेर्नु |
| (meet) | bhetnu | भेट् नु |
| (understand) | bujhnu | बूझनु |
| seed | biu, gera | बिउ, गेड़ा |
| seedling | biruwá, biu | बिरुवा, बिउ |
| seedling bed | biyár, byár | बियार्, ब्यार् |
| seem, to | dekhinnu | देखींनु |
| seize, to | samátnu, | समात्नु, |
| | samáunnu | समाउंनु |
| | pakrannu | पक्रंनु |

| | | |
|---|---|---|
| select, to (appoint) | khatáu*n*nu | खटाउंनु |
| (choose) | chhá*n*tnu | छांत्नु |
| sell, to | bechnu, bikri garnu | बेच्नु, बिक्रि गर्नु |
| (sell up, action) | lilám garnu | लिलाम् गर्नु |
| send, to | patháu*n*nu | पठाउंनु |
| (for) | dáknu, boláu*n*nu | डाक्नु, बोलाउंनु |
| senior | dáine | दाइने |
| sentry | pahará | पहरा |
| separate | alag, beglai, bhindai | अलग्, बेग्लै, भिन्दै |
| to | chhutyáu*n*nu, alag rákhnu | छुट्याउंनु, अलग्, राख्नु |
| September (Sept. 15 Oct. 15) | Asauj | असौज् |
| seriously ill | sikisti | सिकिस्ति |
| servant | naukar, dás (f. dási) | नौकर्, दास (दासि) |
| service (work) | kám | काम् |
| (military) | naukari | नौकरी |
| set up, to | ubhyáu*n*nu, rakhnu | उभ्याउंनु, राख्नु |
| set out, to (on journey) | hi*n*rnu | हिंड्नु |
| sew, to | siu*n*nu, siláu*n*nu | सिउंनु, सिलाउंनु |
| shade | chhá*n*yá | छाया |

| | | |
|---|---|---|
| shake, to (tr.) | hallâunnu | हल्लाउंनु |
| (intr.) | hilnu | हिल्नु |
| (with fear, fever) | kámnu | काम्नु |
| shallow | shim, jangáre | शीम् जङारे |
| shame | láj | लाज् |
| shape | rup, anuwár, dawal | रूप, अनुवार, डवल् |
| share | ansa, bhág, hissá | अंस, भाग, हिस्सा |
| to | bánrnu | बांड्नु |
| sharp (knife etc.) | dhárilo, lágne | धारीलो, लाग्ने |
| (pointed) | tikho | तीखो |
| (quicked witted) | phurtilo, sipálu | फुर्तीलो, सिपालु |
| sharpen, to | lágne párnu, dápnu, dhár lagáunnu | लाग्ने पार्नु, दाप्नु, धार् लगाउंनु |
| (make pointed) | tikhárnu | तिखार्नु |
| sharpening-stone | sán, sili | सान्, सीली |
| shave, to (hair) | khaurannu, | खौरंनु, |
| (scrape) | khurkáunnu | खुर्कांउंनु |
| (wood) | tachhnu | ताछ्नु |
| sheath | dáb, dáp, khol | दाब्, दाप्, खोल. |
| shed (n.) | katerá | कटेरा, |
| (cattle) | goth | गोठ् |
| to (clothes etc.) | kárnu | काड्नु |
| sheep | bhenrá | भेंड़ा |

| | | |
|---|---|---|
| shelf | tánr, talá, khopá, | टांड़्, तला, खोपा, |
| | tákhá | ताखा |
| shell (nut etc.) | bokrá | बोका |
| (egg) | khapati, khoshtà | खपटी, खोष्टा |
| (gun) | golá | गोला |
| shelter | ár | आड़् |
| shepherd | gothálá | गोठाला |
| shift, to (tran) | sárnu | सार्नु |
| shin | nalihár | नलिहार् |
| ship | jabáj | जहाज् |
| shirt, | kamij, kurtha | कमीज्, कुर्था |
| shiver, to | káamnu | कांम्नु |
| shoe | •juttá | जुत्ता |
| (horse) | nál | नाल् |
| shoe-maker | sárki | सार्कि |
| shoot (n.)(of plants) | kopilá, tuso | कोपीलो, टुसो |
| to (gun etc.) | hánnu, goli hannu | हान्नु, गोली हान्न |
| shop | dukán | दुकान् |
| (booth) | pasal | पसल् |
| shopkeeper | dukándár, pasale | दुकान्दार्, पसले |
| short (not long) | chhoto | छोटो |
| (not tall) | honcho, purke | होंचो, पुड़्के |
| (not enough) | kam | कम् |
| shot (bullet) | goli, golá | गोली, गोला |
| shoulder | kum, kándh | कुम्, कांध् |
| shout, to | karáunnu | कराउंनु |

| | | |
|---|---|---|
| shove, to | ghachetnu, dhakká dinnu | घचेट्नु, धक्का दिंनु |
| show, to | dekháunnu, pragat garnu | देखाउंनु, प्रगट् गर्नु |
| shower (of rain) | jhari | झरि, |
| shrine | pawitra sthán, dhám, thán | पवित्र स्थान्, धाम्, थान्, |
| shrub | pothrá | पोथ्रा |
| shut, to | thunnu, band garnu | थुन्नु, बन्द् गर्नु |
| (eye) | chimlaunu | चिम्लनुं |
| sick (adj.) | birámi, madhuro, rogi | बिरामी, मधुरो, रोगी |
| to be | dukhnu, birámi hunnu | दुःख् नु, बिरामी हुंनु |
| (to vomit) | wák wák garnu chhádnu | वाक् वाक् गर्नु छाद्नु |
| sickness | bethá, rog | बेथा, रोग् |
| sickle | ánsi | आंसि |
| side | patti, chheu | पट्टि, छेउ |
| (of hill) | pákhá | पाखा |
| (body) | kákhi, kokhá | काखी, कोखा |
| sieve | chalne | चाल्ने |
| sift, to | chàlnu | चाल्नु |
| (examine) | jánchnu | जांच्नु |
| sight (eye) | najar, drishti, dith | नजर्, दृष्टि, डिठ् |
| (gun) | mákhi, dig | माखि, डिग् |

| | | |
|---|---|---|
| sign | chi*n*nu | चिंनु |
| (with band etc.) | sán | सान् |
| (signature) | sahi-chháp | सही-छाप् |
| sign, to (signal) | sán garnu | सान् गर्नु |
| (write name) | sahi garnu or | सही गर्नु |
| | lagáu*n*nu | (लगाउंनु) |
| silence | chup cháp | चुप् चाप् |
| silent | chup lágne, na | चुप् लाग् नें, न |
| | bolne, gamilo | बोल्ने, गमीलो |
| silk | resham | रेशम् |
| silver | chá*n*di | चांदी |
| simple (easy) | sajilo | सजीलो |
| simply (merely) | kháli, má*n*trai | खालि, मांत्रै |
| sin | páp, kukarmma | पाप् , कुकर्म्म |
| since (ago) | bhayo | भयो |
| (because) | kinaki | किनकि |
| | kinabhanye | किनभन्ये |
| sinew | nasá | नास् |
| sing, to | gánnu | गान्नु |
| single (one only) | ek, eklai, eutá | एक् , एक् लै , एउटा |
| (separate) | bhindo, bhindai | भिन्दो, भिन्दै |
| (unmarried) | kanye | कन्ये |
| singly (one by one) | ek ekgari | एक् एक् गरि |
| sink, to (intr.) | dubnu | डुब् नु |
| (tr.) | dubá*n*nu | डुबाउंनु |
| sister (elder) | didi | दिदी |
| (younger) | bai*n*ni | बैंनी |

**sister-in-law**

| | | |
|---|---|---|
| (wife's elder sister) | jethi sásu | जेठीसासु |
| (wife's younger sister) | sáli | साली |
| (husband's elder sister) | á*n*májyu | आंमाज्यु |
| (husband's younger sister) | nanda | नन्द |
| (husband's elder brother's wife) | jethà*n*didi | जेठांदिदी |
| | jetháni | जेठानी |
| (husband's younger brother's wife) | dewaráni | देवरानी |
| (elder brother's wife) | bháujyu | भाउज्य |
| (younger brother's wife) | buwári, buhári | बुवारी, बुहारी |
| **sit, to** | basnu, | बस्नु, |
| (with a flop) | thwássa | ठवास्स |
| | basnu | बस्नु |
| **size** | dál, náp | डाल्, नाप् |
| **skeleton** | pi*n*jará | पिञ्जरा |
| to become a skeleton | pi*n*jará hu*n*nu | पिंञ्जरा हुंनु |
| **skill** | sip | सीप् |
| **skilful** | sipálu | सीपालु |
| **skin** | chhálá | छाला |
| (rough) | khálo | खालो |
| (bark of fruit) | bokrá | बोक्रा |
| **sky** | akás, swarga | अकास्, स्वर्ग |

| | | |
|---|---|---|
| slack (loose) | khukulo, dhilo, lulo | खुकूलो, ढीलो, लुलो |
| (not keen, stupid) | dhilo | ढीलो |
| (lazy) | alchhe | अल्छे |
| sledgehammer | ghana | घन |
| sleep (n.) | nind | नींद |
| to | sutnu, suti jánnu, nind áunnu | सुत्नु, सुति, जांनु, नींद आउंनु |
| sleeve | báulà | बाउला |
| slip to | chiplinnu | चीप्लींनु |
| slippery | chiplo | चिप्लो |
| slope | pákhá | पाखा |
| (steep) | bhirálo | भिरालो |
| (down hill) | ohrálo | ओह्रालो |
| (up hill) | ukálo | उकालो |
| slow | dhilo | ढीलो |
| small (size) | sáno | सानो |
| (length) | chhoto | छोटो |
| (height) | honcho, purke | होंचो, पुड्के |
| (number) | alikatá | अलिकता |
| small-pox | mài, biphar | माई, बिफर |
| smart | phurtilo, tejilo | फुर्तीलो, तेजीलो |
| smear, to | lipnu, lesnu | लीप्नु लेस्नु |
| smell (n.) | gandha, | गन्ध |
| (good) | sugandha, básná | सुगन्ध, बास्ना |
| (bad) | dugandha | दुगन्ध |
| to (trans.) | sungnu | सुङ्नु |
| (intran) | ganáunnu | गनाउंनु |

| | | |
|---|---|---|
| smoke | dhuwá*n* | धूवाँ |
| to (tobacco) | tamákhu khá*n*nu | तमाखु खांनु |
| (fire) | dhuwá*n* á*n*nu | धूवाँ आउंनु |
| smooth | chillo, masino | चिल्लो, मसीनो |
| snack (food for journey) | khájá | खाजा |
| snake | sarpa, sámp, | सर्प, सांप्, |
| | lámkirá | लाम्कीरा |
| snare (n.) | páso | पासो |
| to | páso má párnu | पासो मा पार्नु |
| (set a) | páso thápnu | (पासो थाप्नु) |
| snatch away, to | khosnu | खोस्नु |
| snore, to | ghurnu | घुर्नु |
| snow | hiu*n* | हिउं |
| soap | sában | साबन् |
| sod | chapari | चपरि |
| soft | káu*n*lo, naram | काउंलो, नरम् |
| solder | rasán | रसान् |
| to | rasáu*n*nu | रसाउंनु |
| soldier | tila*n*gá, sipá*n*i | तिलङ्गा, सिपांइ |
| on night duty | bikate | बिकटे |
| sole (foot) | paitalá | पैतला |
| (boot) | talá | तला |
| some (persons) | koi | कोइ |
| (things) | kehi | केही |
| (a little) | alikatá | अलिकता |
| sometimes | kaile kaile | कैलेकैले |
| somewhere | kahi*n*, katai, | कहीं, कतै, |
| | kahi*n* na kahi*n* | कहींनकहीं |

| | | |
|---|---|---|
| son | chhoro | छोरो |
| son-in-law | juwáin | जुवाइँ |
| song | git, gán | गीत, गान् |
| soon | chhito, chánro | छिटो, चांड़ो |
| soot | dhuwanso | धुवांसो |
| sorcerer | jhánkri, jaisi | झांक्रि, जैसि |
| sore (a.) | ghau, chot | घाउ, चोट् |
| (boil) | phoká | फोका |
| sorrow | shok, suitá, | शोक्, सुर्ता, |
| | aphshos, kashta | अफ्शोस्, कष्ट |
| sort | prakár, kisim, | प्रकार्, किसिम्, |
| | khál | खाल् |
| sound (n.) | sor, awáj | सोर, अवाज् |
| (adj.)(fit) | játi, niko, thik | जाति, निकलो, ठीक् |
| to (trans.) | bajáunnu | बजाउंनु |
| (intr.) | bajnu | बज्नु |
| sour | amilo | अमीलो |
| south | dakkhin | दक्खिन् |
| sow, to | ropnu, biu chharnu | रोप्नु, बिउ छर्नु |
| spade | belcha | बेल्चा, |
| (cards) | hukum | हुकुम् |
| span (of hand) | bittá | बित्ता |
| spare | phéltu | फाल्टु |
| (left over) | ubreko | उब्रेको |
| to | bacháunnu | बचाउंनु |
| (let go) | chhori dinnu | छोड़ि दिंनु |
| speak, to | bhannu, kurá | भन्नु, कुरा |
| | garnu | गर्नु |

| | | |
|---|---|---|
| special | khás | खास् |
| spectacles | chasmá | चस्मा |
| spend, to (money etc.) | kharchá garnu, | खर्च गर्नु |
| | másnu | मास्नु |
| (time) | bitáunnu, kátnu | बिताउंनु, काट्नु |
| spice | masálá | मसाला |
| spider | mákurá | माकुरा |
| spill, to (intr.) | pokhnu | पोख्नु |
| (tr.) | pokháunnu | पोखाउंनु |
| spirit | prán, sás, átmá | प्राण्, सास्, आत्मा |
| (evil) | bhut, pret, | भूत्, प्रेत्, |
| | bhutpret | भूत्प्रेत् |
| (alcoholic) | mady, raksi | मद्य, रक्सि |
| spit, to | thuknu | थूक्नु |
| spleen | phiyo | फीयो |
| split, to (tran) | chirnu, phárnu | चीर्नु, फार्नु |
| (intr.) | charkannu | चर्कंनु, |
| spoil, to (tran) | bigárnu | बिगार्नु |
| (intr.) | bigrannu | बिग्रंनु |
| spoon | chammacha, dáru | चम्मच, डाडु |
| spot (mark) | dág, thoplo, | दाग्, थोप्लो, |
| | chhirká | छिर्का |
| (place) | tháun | ठाउं |
| spotted | chhirke | छिर्के |
| spout | tuti | टुटि |
| sprain, to | markanu, | मर्कनु, |
| | markáunnu | मर्काउंनु |

| | | |
|---|---|---|
| spread, to (intr.) | phailanu, phi*n*ji*n*nu | फैलनु, फिंजींनु |
| (tr.) | phi*n*jáu*n*nu, ochhyáu*n*nu | फिंजाउंनु, ओछ्याउंनु |
| (hands) | pasárnu | पसार्नु |
| spring (water) | dhárá, panero | धारा, पनेरो |
| (metal) | kamáni | कमानी |
| to (jump) | uphra*n*nu, kudnu | उफ्रंनु, कुद्नु |
| (water) | umra*n*nu | उम्रंनु |
| sprout | tusá | टुसा |
| to | pasáu*n*nu | पसाउंनु |
| spy | chiwá, bhediyá, jásus | चिवा, भेदिया, जासुस् |
| to | chiyáu*n*nu, bhed li*n*nu | चियाउंनु, भेद्‌ लिंनु |
| squander | másnu | मास्नु |
| square | chàrkune, chárpáte | चार्कुने, चार्पाटे |
| squeeze, to | chepnu | चेप्नु |
| squib | patáká | पटाका |
| stab, to | ghochnu | घोच्नु |
| stable (n.) | tabela | तबेला |
| stage (of journey) | bás | बास् |
| stair | bharyáng, si*n*ri | भर्‍याङ, सिंढि |
| (steps) | lisnu | लिस्नु |
| stake (wood) | kilá | कीला |
| stale | bási | बासी |

| | | |
|---|---|---|
| stalk (n.) | dá*n*th | डांठ् |
| stammer, to | bhak bhakáu*n*nu | भक् भकाउंनु |
| stammerer | bhakbhake | भक्भके |
| stamp (postage) | tikat | टिकट् |
| (metal) | chháp | छाप् |
| to (print) | (má) chháp láu*n*nu | (मा) छाप् लाउंनु |
| (with foot) | goróle teknu | गोराले टेक्नु |
| | khuttá márnu. | खुट्टा मार्नु |
| standing | tháro | ठाड़ो |
| stand, to | ubhi*n*nu, tháro, | उभींनु, ठाड़ो |
| | hu*n*nu, ari*n*nu | हुंनु, अड़ींनु |
| (indure, bear) | saha*n*nu | सहंनु, |
| star | tárá | तारा |
| starch | má*u*r | मांड़ |
| stare, to | dithlái hernu | डिठ्लाइ हेर्नु |
| start, to (movement) | jhasaknu, tarsa*n*nu | झसक्नु, तर्संनु |
| (set out) | hi*n*nu | हिन्नु |
| (begin) | thálnu, lágnu | थाल्नु, लाग्नु |
| statement | bakhán | बखान् |
| stay, to | raha*n*nu, basnu | रहंनु, बसनु |
| steal, to | chornu, mosnu | चोर्नु, मोस्नु |
| steam | báph | बाफ् |
| steel | ispát | इस्पात् |
| steep (adj.) | bhirálo, tháro | भीरालो, ठाड़ो |
| step (pace) | kadam | कदम् |
| stick (n.) | láuro, káth, | लाउरो (लौरो), काठ् |
| | chhari | छड़ी |

| | | |
|---|---|---|
| (fire wood) | dáurá | दाउरा |
| (drum) | gajá | गजा |
| to (push in) | gopnu | गोप्‌नु |
| (fasten on) | tá*n*snu | टांस्‌नु |
| stiffen, to (intr) | kakri*n*nu | कक्‌रींनु |
| stiff (adj.) | sáro | सारो |
| still (adj.) | chupcháp, sunsán | चुप्‌चाप, सुन्‌सान् |
| (adv.) (until now) | aile sammá | ऐले सम्मा |
| (further) | ajha, aru pani | अझ, अरु पनि |
| (nevertheless) | thaipani | तैपनि |
| sting, to (of insects) | chilnu | चील्‌नु |
| (snakes) | dasnu | डस्‌नु |
| stirrup | rikáp | रिकाप् |
| stocking | mojá, jaráb | मोजा, जराब् |
| stomach (internal organ) | bhu*n*ri | भुंड़ि |
| (abdomen) | pet | पेट् |
| stone | dhu*n*gá | ढुंगा |
| (fruit) | koyá | कोया |
| stony | dhá*n*re | ढांड़े |
| stoop, to | niu*n*ra*n*nu | निउंरंनु |
| stooping | ghopto | घोप्टो |
| stop, to (trans.) | thunnu, thámnu, roknu | थुन्नु, थाम्‌नु, रोक्‌नु |
| (get in the way) | chheknu | छेक्‌नु |
| (intr.) (halt) | ari*n*nu, ubhi*n*nu | अड़ींनु, उभींनु |
| (wait) | parkha*n*nu | पर्खंनु |
| (live) | raha*n*nu | रहंनु |
| (spend a night) | kátnu, bitnu | काट्‌नु, बित्‌नु |

| | | |
|---|---|---|
| storey | talá | तला |
| storm | á*n*dhi, batás | आंधी, बतास् |
| stormy | batáse | बतासे |
| story | kathá | कथा |
| straight (adj.) | sojo, sidhá | सोजो, सीधा |
| straighten, to | sojo párnu, sojyáu*n*nu | सोजो पार्नु, सोज्याउंनु |
| strange (adj.)(foreign) | pardeshi | पर्देशी |
| (wonderful) | udekko | उदेक्को |
| (unknown) | nachineko | नचिनेको |
| stranger (foreigner) | pardeshi, bideshi | पर्देशी, बिदेशी |
| (milit.) | altu-phaltu mánchhe | अल्तु-फल्तु मान्छे |
| strap | phitá, tasmá | फिता, तस्मा |
| stream | kholá, kholchá | खोला, खोल्चा |
| strength | bal | बल् |
| stretch, to (legs, hand) | pasárnu | पसार्नु |
| (pull out) | tánnu, lamkáu*n*nu | तान्नु, लम्काउंनु |
| (intr.)(country etc.) | pasri*n*nu | पस्रींनु |
| strike, to (beat etc.) | hirkáu*n*nu, pitnu | हिर्काउंनु, पिट्नु |
| (bullet striking a man) | dat. of subj.+ lágnu | ......लाइ लाग्नु |
| (clock) | bajnu | बज्नु |
| string | dori | डोरी |
| strip, to | nikhárnu | निखार्नु |
| (clothes) | kárnu | काढ्नु |
| (steal the lot) | lutnu | लुट्नु |

| | | |
|---|---|---|
| stroke, to | masárnu | मसार्नु |
| strong | balliyo | बल्लियो |
| struggle, to (fight) | larnu, jujhnu | लड़नु, जुझ्नु |
| (try hard) | mihinnat garnu | मिहींनत् गर्नु |
| | jatan garnu | जतन् गर्नु |
| stumble, to | thes lágnu, | ठेस् लाग्नु, |
| | thokar lágnu | ठोकर लाग्नु |
| stump | thutá | ठुटा |
| stupid | látá, murkha, | लाटा, मूर्खा, |
| | lathepro | लठेप्रो |
| subject (of country) | parjá, prajá | पर्जा, प्रजा |
| (matter) | kura | कुरा |
| substitute (n.) | badalá | बादला |
| succeed, to (intr.) | jitnu, | जीत्नु, |
| | suphal hunnu | सुफल् हुंनु |
| such (like this) | yasto | यस्तो |
| (like that) | tyasto | त्यस्तो |
| suck, to | chusnu | चूस्नु |
| suddenly | ekási | एकासी |
| suffer, to (endure) | sahannu | सहंनु |
| sufficient | pogdo, mukta | पुग्दो, मुक्त |
| sugar (white) | chini | चीनी |
| (brown) | gunr | गुड़ं |
| sugarcane | ukhu | उखु |
| suitable | suwánindo, uchit | सुवाइंदो, उचित् |
| sulphur | gandhak | गन्धक् |

| | | |
|---|---|---|
| summer | ghám ko din, | घामको दिन् |
| | garam ritu | गर्मऋतु |
| summit | tuppá, tháplo | टुप्पा, थाप्लो |
| summon, to (call) | dáknu, boláunnu | डाक्नु, बोलाउंनु |
| sun | ghám | घाम् |
| Sunday | áitabár | आइतबार् |
| sunrise | surjuday | सुर्जउदय् |
| sunset | surjast | सुर्ज् अस्त् |
| superfluous | jyásti | ज्यास्ति |
| supervise, to | dekhbal garnu | देख्बाल गर्नु |
| | herchábá garnu | हेर् चाहा गर्नु |
| support, to | sambhálnu, | सम्भाल्नु, |
| | thámnu | थाम्नु |
| (take care of) | pálnu | पाल्नु |
| suppress, to | daman garnu | दमन्गर्नु |
| surprise (n.) | udek, achambha | उदेक्, अचम्भ |
| to | udek or achambha | उदेक्, अचम्भ |
| | párnu | पार्नु |
| to be | udek mánnu | उदेक् मान्नु |
| | chhakka mannu | छक्क मान्नु |
| surprising (adj.) | udekko | उदेक्को |
| surround, to | ghernu | घेर्नु |
| survive, to | bánchi rahannu | बांचि रहंनु |
| | jiunde rahannu | जीउंदे रहंनु |
| suspicion | shanká | शंका |
| swallow, to | nilnu | निल्नु |

| | | |
|---|---|---|
| sweet | pasiná | पसीना |
| to | pasiná áu*n*nu | पसीना आउंनु |
| sweep, to | barhárnu | बढ़ार्नु |
| up | sohrnu | सोह्र्‌नु |
| sweet (adj.) | mitho, guliyo | मीठो, गुलीयो |
| (n.) | mitháí | मीठाइ |
| sweeten, to | guliyo párnu | गुलीयो पार्नु |
| swell, to | suni*n*nu, phuli*n*nu | सुनींनु, फुलींनु |
| (be inflamed) | sujnu | सुज्‌नु |
| swim, to | páurnu, pauri | पौर्नु, पौरि |
| | khelnu | खेल्‌नु |
| swing, to (flourish khukri) | machháu*n*nu | मचाउंनु |
| (n.) | ping | पिङ |
| swoon | murchhá | मुर्छा |
| sword | tarwár | तर्‌वार् |
| syphilis | garm bethá | गर्मबेथा |
| syringe | pichkári | पिच्‌कारी |
| T | | |
| table | mej | मेज |
| tail | puchchhar | पुच्छर् |
| (coins) | chháp, khat | छाप्‌ खत् |
| take, to | li*n*nu, lagnu | लिंनु, लग्‌नु |
| (catch in hand) | samátnu | समात्‌नु |
| (away) | laijá*n*nu, sárnu | लैजांनु, सार्नु |
| (off hat etc.) | jhiknu, utárnu | झिक्‌नु, उतार्नु |
| (off clothes) | kárnu | काड़्‌नु |

| | | |
|---|---|---|
| (out) | nikálnu | निकाल्नु, |
| (in, deceive | dhoká dinnu, | धोका दिंनु, |
| | chhal garnu | छल् गर्नु |
| | dhántnu | ढांट्नु |
| catch hold of) | pakrannu | पक्रंनु |
| (up) | utháunnu | उठाउंनु |
| tale | kathá, bakhán | कथा, बखान् |
| talent (ability) | shakti, gun | शक्ति, गुण |
| talk, to | kurá garnu, bolnu | कुरा गर्नु, बोल्नु |
| tall | algo | अल्गो |
| tame | páleko | पालेको |
| tap | páni ko kal | पानी को कल् |
| tape | phitá | फिता |
| target | chánd | चान्द |
| taste | swád | स्वाद् |
| tasty | swádilo | स्वादीलो |
| taste, to | chákhnu | चाख्नु |
| tea | chiyá, cháh | चिया, चाह् |
| teach, to | sikáunnu | सिकाउंनु, |
| | parháunnu | पढ़ाउंनु |
| teacher (man) | guru bábu | गुरु बाबु |
| (woman) | guru ámá | गुरु आमा |
| tear (n.) | ánsu | आंसु |
| tear, to | chyátnu | च्यातनु |
| (cloth) | phárnu | फार्नु |
| teat | thun | थुन् |
| telescope (binoculars) | durpin | दुर्पिन् |

| | | |
|---|---|---|
| tell, to | bhannu | भन्नु, |
| (a story etc.) | bayán garnu | बयान्‌गर्नु |
| temper (of blade of khukri) | páin | पाईन् |
| temple | mandir, dhám | मन्दिर्, धाम् |
| (head) | kapál, siri, kansiri | कपाल्, सिरि,कन्सिरि |
| tender | kau*n*lo | काउंलो |
| (young) | kalilo | कलीलो |
| (fine) | masino | मसीनो |
| tent | pál, derá, chholdári | पाल्, डेरा, छोल्दारी |
| tent-peg | mekh, kilo | मेख्, कीलो |
| tent-pole | da*n*dá | डंडा |
| terrace (of field) | garo, gará | गरो, गरा |
| test | já*n*ch | जांच् |
| to | já*n*chnu, já*n*ch garnu | जांच्नु, जांच् गर्नु |
| testicle(and all vital parts) | gulá, sa*n*dhi | गुला, संधि |
| than | bhandá, dekhi | भन्दा, देखि |
| thank, to | gun mánnu, dhannebád garnu | गुण मान्नु, धन्नेबाद् गर्नु |
| that (pronoun) | tyo | त्यो |
| (conjunction) | bhani, bhanera | भनि, भनेर |
| thatch (grass) | khar | खर् |
| to | chháu*n*nu | छाउंनु |
| thaw, to | galnu | गल्नु |
| theft | chori | चोरी |

| | | |
|---|---|---|
| then | taba | तब |
| there | waháṅ, tyaháṅ | वहां, त्यहां |
| therefore | yeskàran, yeslági | येसकारण, येस लगी |
| thick (jungle etc.) | báklo | बाक्लो |
| (fat) | moto | मोटो |
| thief | chor. dàku | चोर् , डाकू |
| thigh | tikhrá, sámprà | तिख्रा, सांप्रा |
| thin (things) | pátlo | पातलो |
| (persons) | dublo | दुब्लो |
| thing (material) | thok, jinis | थोक् , जिनिस् |
| (idea, mental) | kurá | कुरा |
| think, to | bichàr garnu, | बिचार गर्नु, |
| | sochnu | सोचनु |
| thirst | tirkhá | तिर्खा |
| (to be thirsty) tirkhá | lágnu + dat of subj. | तिर्खा लाग्नु |
| this | yo | यो |
| thorn | káṅrà | कांड़ा |
| thought | bichár, man | बिचार् , मन् |
| thread | dhágo | धागो |
| threaten, to | dhamkáuṅnu, | धम्काउंनु, |
| | dar dekháuṅnu | डर् देखाउंनु |
| throat (exterior) | galà, ghichro, | गला, घिच्रो, |
| | gardan | गर्दन् |
| (interior) | gháṅti | घांटि |
| throw, to | phálnu, pheṅknu | फाल्नु, फेंक्नु |
| (with aim) | hánnu | हान्नु |
| thumb | burhi áuṅli | बुढ़ि आउंली |

| | | |
|---|---|---|
| thunder | garjan | गर्जन् |
| Thursday | bihibar | बिहिबार् |
| thus (in this way) | yesari, yaso | यसरी, यसो |
| tidy | thikthák | ठीक्ठाक् |
| to | thikthák pár*n*u, | ठीक्ठाक् पार्नु |
| | sudhárnu | सुधार्नु |
| tie, to | bá*n*dhnu | बांध्नु |
| tiger | bágh | बाघ् |
| tight | sá*n*guro | सांगुरो |
| tighten, to | kasnu | कस्नु |
| time | belá, samay | बेला, समय् |
| (times e.g. 2 times) | khep, pherá, palta | खेप्, फेरा, पल्ट |
| tip (top) | tuppá | टुप्पा |
| tire, to (get tired) | tháknu | थाक्नु |
| tobacco | tamákhu | तमाखु |
| to-day | áju | आजु |
| toes | pa*n*je | पंजे |
| tomato | rámbherá | राम्भेरा |
| tomb | chihán | चिहान् |
| tomorrow | bholi | भोलि |
| tom-tom | mádhal | माधल् |
| tongue | jibro | जिब्रो |
| too (also) | pani | पनि |
| (e.g. too big) | sáhrai, agghor | साह्रै, अग्घोर् |
| tool | hatiyár | हतियार् |
| tooth | dá*n*t | दांत् |

| | | |
|---|---|---|
| **tooth-paste or tooth powder** | misi, manjan | मिसि मञ्जन् |
| **top** (hill etc.) | tuppá | टुप्पा |
| (ridge, slope) | thàplo | थाप्लो |
| (lid) | dhakani | ढकनि |
| (spinning toy) | bhurung | भुरुङ |
| **torch** (wood) | rà*n*ko | रांको |
| (electric) | bijuli batti | बिजुलि बत्ति |
| **torrent** (water-fall) | chhá*n*go | छांगो |
| (sudden spate) | bhal | भल् |
| **tortoise** | kachhuwà | कछुवा |
| **touch, to** | chhámnu, chhunnu | छाम्नु छुंनु |
| **towards** (in the direction of) | tira | तिर |
| **town** | sahar | सहर् |
| **trace, track** (of an animal) | goho, gorento | गोहो, गोरेंटो |
| (foot print) | pàilo | पाइलो |
| (path in jungle) | goho | गोहो |
| (sign) | chi*n*nu | चिंनु |
| **trade** | lenden, bepàr | लेन्देन् , बेपार् |
| to | lenden garnu, bepàr garnu | लेन्देन् गर्नु बेपार् गर्नु |
| **trader** | bepári | बेपारी |
| **traitor** | drohi | द्रोही |
| **trample, to** | kuchnu, kulchanu | कुच्नु, कुल्चनु |
| **transfer, to** | sàrnu, sarkáu*n*nu | सार्नु, सर्काउंनु |

| | | |
|---|---|---|
| transplant, to | sárnu | सार्नु |
| trap | pàso, dharáp | पासो, धराप् |
| to | pàso mà párnu | पासो मा पार्नु |
| (to set a) | páso thàpnu | पासो थाप्नु |
| travel, to | yátrá garnu, dulnu | यात्रा गर्नु, डुल्नु |
| traveller | yátri | यात्री |
| treachery | kapat, chhal | कपट्, छल् |
| tree | rukh | रुख् |
| (small, green stem) | bot | बोट् |
| tremble, to | kà*u*mnu | कांम्नु |
| trench | kháwá, morchà | खावा, मोर्चा |
| trial (test) | jà*u*ch | जांच् |
| (legal) | niyá, nisàph | निया, निसाफ् |
| triangle | trikon | त्रिकोण् |
| tribe | gotra, thar, pad | गोत्र, थर्, पद् |
| trick | chhal, dhoká | छल्, धोका |
| trick, to | chhalnu, dhoká di*n*nu, thagnu | छल्नु, धोका, दिंनु, ठग्नु |
| trigger | libri | लिब्रि |
| trip, to (intr.) (fall) | thes lágnu, thokar khà*n*nu, lotnu | ठेस लाग्नु, ठोकर् खांनु, लोट्नु, |
| (tr.) | aljháu*n*nu, dáu làu*n*nu | अल्झाउंनु, दाउ लाउंनु |
| trouble | dukh, kashta, lanthà, surtá | दुःख, कष्ट, लन्ठा, सुर्ता |
| to (tr.) | dukha di*n*nu, satáu*n*nu | दुःख दिंनु, सताउंनु |

| | | |
|---|---|---|
| **trousers** | suruwal | सुरुवाल् |
| **true** | sáncho, thik | सांचो, ठीक |
| **trunk** (of tree) | murhá | मुढ़ा |
| (box) | sanduk, bàkas | सन्दुक् , बाकस् |
| (body) | dhár | ढाड़ |
| **trust, to** | (máthi) bishwás | (मथि) बिश्वास् |
| | ràkhnu | राख्नु |
| **truth** | sánchein, satya | सांचेइं, सत्य |
| **try, to** (prove) | jánchnu, bichàr | जांच् नु, बिचार् |
| | garnu | गर्नु |
| (legal) | (ko) niyá garnu, | (को) निया गर्नु |
| | nisàph garnu | निसाफ् गर्नु |
| (make attempt) | mihmat garnu, | मिहिनत गर्नु, |
| | khojnu, jatan | खोज् नु, जतन् |
| | garnu, bal garnu | गर्नु, बल् गर्नु |
| **tube** | nali | नलि |
| **Tuesday** | Mangalabár | मंगलबार् |
| **turf** | chapari | चपरि |
| **tumeric** | hardi, besàr | हीद, बेसार् |
| **turn** (bend) | ghumti | घुम्ती |
| (in games etc.) | pálo | पालो |
| to (intr.)(round) | ghumnu | घुम्नु |
| (aside) | phirnu, | फिर्नु |
| | pharkannu | फर्कनुं |
| (tr.) | ghumàunnu, | घुमाउंनु |
| | phiràunnu, | फिरउंनु, |
| | pharkàunnu | फर्काउंनु |
| (by turns) | pàlo pàlo | पालो पालो |

| | | |
|---|---|---|
| turnip | salgam | सल्गम् |
| tusk | dárá | दारा |
| twice | dui khep | दुइ खेप् |
| (multiplication) | dui guná | दुइ गुना |
| twig | pàluwá, sikrà, | पालुवा, सिक्रा, |
| | sinko | सिन्को |
| twin | jamle | जम्ले |
| twist, to (tr.) | | |
| (twine around) | bátnu | बाट्नु |
| (roll up) | behernu | बेहेर्नु |
| (turn forcibly) | nimáthnu | निमाठ्नु |
| (intr.)(of roads) | karkannu | कर्कनुं |
| twisted | bángo, terho | बाङ्गो, टेढ़ो |
| **U** | | |
| ulcer | gháu, khatero | घाउ, खटेरो |
| umbrella | chhátá | छाता |
| unaided | áphai, eklai | आफै, एक्लै |
| unaware | ajànko | अजान्को |
| uncivilised | jangali | जंगली |
| uncle (father's elder brother) | jethà bá | जेठा बा |
| (father's younger brother | kànchhà bá | कान्छा बा |
| (father's side) | káká | काका |
| (mother's side) | mámá | मामा |
| (father's elder sister's husband) | pusài | पुसाई |
| unclean | mailo | मैलो |
| (ceremonial) | ashuddha, jutho | अशुद्ध, जुठो |

| | | |
|---|---|---|
| unconscious | bihoshi, bicheti | बिहोशी, बिचेती |
| under (on lower level) | tala | तल |
| (underneath) | muni | मुनि |
| understand, to | bujhnu | बुझ्नु |
| undo, to (loosen) | kholnu, | खोल्नु, |
| | phukáunnu | फुकाउंनु |
| undulating | algohoncho | अल्गोहोंचो |
| unexpected | ekkási ko | एकासिको |
| unfit | raddi | रद्दी |
| unfortunate | abhági | अभागि |
| uniform | urdi | उर्दी |
| uninhabited | nirjan, sunne | निर्जन्, सुन्ने |
| unite, to | jornu | जोर्नु |
| (twist together e.g. wire) | gánsnu | गांस्नु |
| unjust | anyái | अन्याई |
| unkind | nishthur | निष्ठुर् |
| unmarried | kanye | कन्ये |
| unpleasant | najáti, narámro | नजाति, नराम्रो |
| unripe | káncho | कांचो |
| untidy | bhasári | भसारि् |
| up | mathi | माथि |
| (up wards) | mástira | मास्तिर |
| (as for as) | samma | सम्म |
| upper | máthillo | माथिल्लो |
| upright | tháro, sojo, sidhá | ठाढो, सोजो, सीधा |
| uproot, to | ukhelnu | उखेल्नु |

| | | |
|---|---|---|
| upset, to | laráunnu | लड़ाउंनु |
| upside-down | ulto-sulto | उल्टो-सुल्टो |
| urinate, to | mutnu, pisáp garnu | मुतनु, पिसाप् गर्नु |
| urine | mut, pisáp | मूत, पिसाप् |
| useful | káinko, kámlágdo | काम् को, काम् लाग्दो |
| useless | raddi, bikáme | रद्दी, बिकामे |
| **V** | | |
| vaccinate, to | khopáunnu | खोपाउंनु |
| vaccination | khopái | खोपाई |
| vain (in vain) | suddhai, byarthai | सुद्धै, व्यर्थै |
| (proud) | ahankàri, ghamandi | अहंकारी, घमण्डी |
| valley | ghánch | घांच |
| value | mol, dàm | मोल् दाम् |
| vanish, to | alpinnu | अल् पींनु |
| vault, to | nánghnu | नांघ् नु |
| vegetable | sàg, sàgpát | साग्, साग् पात् |
| (cooked) | tarakári | तरकारी |
| vein | nàsá | नासा |
| venereal disease | garmi | गर्मी |
| vengeance | sáto, badalá | साटो, बदला |
| vertical | tháro | ठाड़ो |
| very (adv.) | dherai, sahrai | धेरै, साह्रै |
| vessel (food) | bhàurà | भांड़ा |
| (ship) | náu, dungá, jaháj | नाउ, डुंगा, जहाज |
| vice | pàp, adharmma | पाप्, अधर्म्म |

| | | |
|---|---|---|
| vicinity | chheuchháu | छेउछाउ |
| victory | jay, bijay, jit | जय्, बिजय्, जी |
| village | gáu*n*, basti | गाउं, बस्ती |
| vinegar | sirká | सिर्का |
| virtue (good quality) | gun | गुण |
| vision | drishti, najar | दृष्टि, नजर् |
| visit | bhet | भेट् |
| to | bhetnu, darsan garnu | भेट्नु, दर्सन गर्नु |
| (honorific=to stay a short time | pálnú | पाल्नु |
| voice | sor, shabda | सोर्, शब्द |
| vomit, to | chhádnu, wák wák garnu | छाद्नु, वाक् वाक् गर्नु |
| vulture | giddha | गिद्ध |
| **W** | | |
| wade, to | tarnu | तर्नु |
| wager | hor, báji | होर्, बाजि |
| wages (daily) | bani, jyálá | बनि्, ज्याला |
| (monthly) | talab | तलब् |
| (milit) | tankhá | तन्खा |
| waist | kammar | कम्मर् |
| waist-coat | áskot, bhoto | आस्कोट्, भोटो |
| wait, to | parkha*n*nu, parkhi basnu, thámnu | पर्खनुं, पर्खि बस्नु, थाम्नु |
| wake, to (intr.) | jágnu, uthnu | जाग्नु, उठ्नु |
| (tr.) | jagáu*n*nu | जगाउंनु |

| | | |
|---|---|---|
| walk, to | hinnu, hi*n*rnu, | हिन्नु, हिंड्नु, |
| | dulnu | डुल्नु |
| walking-stick | lauro | लौरो |
| wall | parkhál, dewál | पर्खाल्, देवाल् |
| (inner) | bhittá, gáro | भित्ता, गारो |
| walnut | okhar | ओखर् |
| wander, to (ramble) | dulnu | डुल्नु |
| (go astray) | abáto lágnu | अबाटो लाग्नु |
| want, to | má*n*gnu, | मांग्नु, |
| | (lai) cháhi*n*nu | (लाइ) चहींनु |
| (desire strongly) | khojnu | खोज्नु |
| war | larái*n*, dháwá | लड़ाइं, धावा |
| warm (water etc.) | táto | तातो |
| (weather) | garam, nyáno | गरम्, न्यानो |
| (cloth etc.) | nyáno | न्यानो |
| to (tr.) | tátáunnu | ताताउंनु |
| (warm oneself by fire) | ágo tápnu | आगो ताप्नु |
| warmth | ráp, garmi | राप् गर्मी |
| warn, to | chetáu*n*nu | चेताउंनु |
| warning | chetái | चेताई |
| wash, to (tr.)(clothes) | dhu*n*nu | धुनुं |
| (cooking pots etc.) | má*n*jhnu | मांझ्नु |
| (intr.)(bathe) | nuháu*n*nu | नुहाउंनु |
| wasp | aringal, bárulo | अरिङ्गल्, बारुलो |
| watch, to (look at) | hernu | हेर्नुं |
| watch (n.) | ghari | घरी |
| watchful | cha*n*kha | चंख |

| | | |
|---|---|---|
| water | páni, jal | पानि, जल् |
| to | bhijháu*n*nu, | भिझाउंनु, |
| | (má) páni hálnu | (मा) पानी हाल्नु |
| water-wheel | ghatta | घट्ट |
| water-course | | |
| (dug in ground) | kulo | कुलो |
| (natural) | kholchá | खोल्चा |
| water-fall | chhá*n*go, chárá | छांगो, छारा |
| waterproof | barsáti | बर्साति |
| wax (candle) | mom, | मोम्, |
| (ear) | guji | गुजि |
| (sealing) | láhá | लाहा |
| way | báto | बाटो |
| (manner) | rit, upáya | रीत्, उपाय |
| weak | nirballiyo, dublo | निर्बल्लियो, दुब्लो |
| (of light) | madhuro | मधूरो |
| wealth | dhan, sampati | धन्, सम्पति |
| wealthy | dhani | धनी |
| weapon | hatiyár | हतियार् |
| wear, to (clothes) | láu*n*nu | लाउंनु |
| (put one clothes) | lagáu*n*nu | लगाउंनु |
| (wear away) | khiyáu*n*nu | खीयाउंनु |
| (wear out) | thotri*n*nu | थोत्रिंनु |
| weariness | thakái | थकाई |
| weary | thákeko | थाकेको |
| to be | tháknu | थाक्नु |
| weave, to | bunnu | बुन्नु |

| | | |
|---|---|---|
| wedding | byáhá | ब्याहा |
| wedge | phesá, chur | फेसा, चूर् |
| Wednesday | budhabár | बुधबार् |
| weed | jhár | झार् |
| to | gornu | गोड्नु |
| week | sátá | साता |
| weep, to | ru*n*nu | रुंनु |
| weigh, to | taulnu | तौल्नु |
| weight | bhár | भार् |
| well (n.)(water) | kuwá, inár | कुवा, इनार् |
| adj. (healthy) | játi, niko | जाति, निको |
| (adverb.) | ràmro | राम्रो |
| West | Pachchhim | पच्छिम् |
| wet | bhijeko, chiso | भिजेको, चीसो |
| to | bhijáu*n*nu | भिजाउंनु |
| wheat | gahu*n* | गहुं |
| wheel | chakrá | चक्रा |
| whirlwind | bhumari | भुमरी |
| whistle | siti | सिटि |
| to | suskáu*n*nu | सुस्काउंनु |
| white | seto | सेतो |
| white-ant | dhamiro | धमीरो |
| whitewash | chuna | चुन |
| whole (complete) | pura | पूरा |
| (all) | sabai | सबै |
| all-day | din bhari | दिन् भरि |
| whore | pàtar, besyà | पातर्, बेस्या |

| | | |
|---|---|---|
| wick | (batti ko) dár | (बत्ती को) दार् |
| wicked | dushta, pápi | दुष्ट, पापि |
| wide | gajilo | गजीलो |
| widow | bidhuwi, rá*n*ri | बिधुवी, रांड़ी |
| widower | bidhuwá, rá*n*o | बिधुवा, रांड़ो |
| wife | swásni, patni | स्वास्नी, पत्नी |
| wife's family home | maite ghar, máit | मैते घर् , माइत् |
| willing | khushi, ráji, man pareko | खुशि, राजि, मन् परेको |
| win, to | jitnu | जीत्नु |
| wind | háwá, batás | हावा, बतास् |
| window | jhyál | झ्याल् |
| windy | batáse | बतासे |
| wing | pakhetá | पखेटा |
| winter | hiu*n*do, járo ko din | हिउंदो, जाड़ो को दिन् |
| wipe, to | puchhnu | पूछ्नु |
| wisdom | buddhi, gyán | बुद्धि, ज्ञान् |
| wise | buddhimán, gyáni | बुद्धिमान , ज्ञानी |
| wish | ichchhe | इच्छे |
| to | má*n*gnu, khojnu | मांग्नु, खोज्नु |
| witch | bokshini, jhá*n*kreni | बोक्शीनी, झांक्रेनी |
| withdraw, to (tr.) | sarkáu*n*nu | सर्काउंनु |
| (intr.) | sarka*n*nu, pachhi hatnu | सर्कंनु पछि हट्नु |

| | | |
|---|---|---|
| wither, to (intr.) | oili*n*nu | ओइलीउंनु |
| (tr.) | oiláu*n*nu | ओइलाउंनु |
| witness (legal) | sákshi | साक्षी |
| (one who saw) | gwáhi | ग्वाही |
| woman | áimái, stri | आइमाइ, स्त्री |
| wonder, to | udek mánnu | उदेक् मान्नु |
| | chhakka parnu | छक्क पर्नु |
| wonderful | udekko | उदेक्को |
| wood (forest) | ban, ja*n*gal | बन्, ज़ंगल् |
| (timber) | káth | काठ् |
| (fire-wood) | dáurá | दाउरा |
| wool | un | ऊण् |
| woollen | uni, unko | ऊणी, ऊणको |
| word | kurá, bachan, | कुरा, बचन्, |
| | shabda | शब्द |
| (news) | samachár | समचार् |
| work | kám, káj | काम्, काज् |
| to | kám garnu | काम् गर्नु |
| world | sa*n*sár, duniyá | संसार् , दुनिया |
| | prithiwi | पृथिवी |
| worm | kirá | कीरा |
| (earth w.) | ga*n*reulá | गंड़ेउला |
| (thread w.) | jugá | जुगा |
| (tape w.) | cheptejugá, | चेप्टेजुगा, |
| | námlejugá | नाम्लेजुगा |
| (hook w.) | churná | चूर्ना |

| | | |
|---|---|---|
| worn out | thotro | थोत्रो |
| (tired) | thákeko | थाकेको |
| worship | pujà, sewà | पूजा, सेवा |
| to | pujà garnu | पूजा गर्नु |
| worthy | yogya, jogya | योग्य, जोग्य |
| wound | gháu, chot | घाउ, चोट् |
| to | chot párnu | चोट् पार्नु |
| wounded | gháyal | घायल् |
| wounded, to be | gháyal hu*n*nu | घायल् हुनुं |
| wrap, to (around) | behernu, lapetnu | बेहेर्नु, लपेट्नु |
| wreck, to | nàs párnu | नास् पार्नु |
| wrestle, to | dáu khelnu | दाउ खेल्नु |
| wring, to (clothes) | nichornu | निचोर्नु |
| (hands) | haláu*n*nu | हलाउंनु |
| wrist | nári | नारि |
| write, to | lekhnu, likhnu | लेख्नु, लिख्नु |

**Y**

| | | |
|---|---|---|
| yard (measure) | gaj | गज् |
| (courtyard) | ághan | आघन् |
| yawn, to | hài kàrnu | हाई काड्नु |
| year | barsha, sál | वर्ष, साल् |
| yearly | barsheni | बर्षेनी |
| yellow | pahe*n*lo | पहेंलो |
| yesterday | hiju | हिजु |
| yet (adv.) | aile samma | ऐले सम्म |
| (conj.) | taipani | तैपनि |

| | | |
|---|---|---|
| yoke | juwá | जुवा |
| (couple) | hal, jorà | हल्, जोड़ा |
| young | sàno, tanheri, | सानो, तन्हेरि, |
| | bharkhar ko | भर्खर को |
| younger | kánchho | कान्छो |
| youth (abstract) | jobhàn | जोभान् |
| (young man) | tanheri | तन्हेरि |
| (young woman) | taruni | तरुणि |
| **Z** | | |
| zealous | ràpılo, tàtıeko | रापीलो, तातीएको |
| zero | sunna | सुन्नु |
| zinc | khàpre | खाप्रे |